Richard Flügel

Das kanonische Ehehindernis

Unfreiheit des Mitkontrahenten

Richard Flügel

Das kanonische Ehehindernis
Unfreiheit des Mitkontrahenten

ISBN/EAN: 9783742898463

Hergestellt in Europa, USA, Kanada, Australien, Japan

Cover: Foto ©ninafisch / pixelio.de

Manufactured and distributed by brebook publishing software
(www.brebook.com)

Richard Flügel

Das kanonische Ehehindernis

Das kanonische Ehehindernis des Irrtums bezüglich der Unfreiheit des Mitkontrahenten.

Inaugural-Dissertation

zur

Erlangung der Doktorwürde

bei der

juristischen Fakultät

der

Rheinischen Friedrich-Wilhelms-Universität zu Bonn

eingereicht und mit den beigefügten Thesen verteidigt

am 10. März 1897, Vormittags 11 Uhr,

von

Richard Flügel

aus Camberg.

Opponenten:

Herr Referendar Jacobs,
Herr Referendar Paltzer,
Herr cand. iur. Brück.

Bonn,

Universitäts-Buchdruckerei von Carl Georgi.

1897.

Inhaltsverzeichnis.

Aufgabe und Anordnung.

Die vorliegende Arbeit hat sich zur Aufgabe gesetzt, eine wissenschaftliche Darlegung des Falles zu liefern, in welchem eine freie Person mit einer unfreien eine Ehe in dem Glauben geschlossen hat, dass der Mitkontrahent die Freiheit besitze, während dieser in Wahrheit Sklave ist, ein Thatbestand, welcher den kirchenrechtlichen Bestimmungen zufolge bewirkt, dass die eingegangene Ehe von Anfang an nichtig ist.

Zwar ist dieses Ehehindernis in den der älteren und neueren Zeit angehörenden Darstellungen des gemeinen kirchlichen Eherechtes sowie des Kirchenrechtes überhaupt wissenschaftlich, und zwar mitunter recht ausführlich (so von Sanchez, Schmalzgrueber u. a.) bereits behandelt worden; auch hat es schon in Monographieen eine eigene Bearbeitung gefunden[1]): allein die vorhandenen einschlägigen Werke und Darstellungen, welche durchweg lediglich dogmatischer Natur sind und die historische Entwicklung des Rechtes gar nicht oder nur in sehr geringem Masse in Betracht ziehen[2]), lassen zwei Punkte vermissen: einmal ein genaues Eingehen auf das geschichtliche Wer-

1) So in der Abhandlung von München, über Knechtschaft als Ehehindernis (in der Zeitschrift für Philosophie und katholische Theologie, N. F. 1. Jahrg. 1. Bd., Köln 1840, Seite 44—67), von Daller, der Irrtum als trennendes Ehehindernis (Landshut 1861) Seite 26 fg. § 7: „Der Irrtum in der Eigenschaft der Sklaverei", sowie von F. J. Stahl, de matrimonio ob errorem rescindendo (Berol. 1841).

2) Abgesehen von dem sehr verdienstlichen und empfehlenswerten Werke von Freisen, Geschichte des kanonischen Ehe-

den des in Rede stehenden Ehehindernisses und zweitens
eine Berücksichtigung der die Sklaven und ihre Ehen betreffenden Verhältnisse in den ausserdeutschen und den
überseeischen Ländern. Eine geschichtliche Darlegung
aber ist notwendig, weil eine solche zeigt, dass und wie
die Kirche bei ihrem ersten Auftreten und weiteren Wirken unter den Nationen griechisch-römischer Bildung und
insbesondere unter den germanischen Volksstämmen, wo
gerade das impedimentum erroris conditionis servilis seine
Ausbildung fand, mit den dort herrschenden öffentlichen
Anschauungen und Rechtsgrundsätzen bezüglich der Ehen
von und mit unfreien Leuten sich abgefunden hat, und
weil wir daher auf diesem Wege — aber auch nur auf
diesem — sichere Anhaltspunkte zur Lösung der noch be-
strittenen Frage erlangen, was die Kirche veranlasst hat,
das Impediment einzuführen und ob letzteres lediglich auf
dem ius ecclesiasticum oder auf dem ius divinum beruhe.
Eine Erörterung des zweiten Punktes erscheint nicht minder geboten, weil die katholische Kirche, ihrem univer-
sellen Charakter gemäss alle Länder und Erdteile mit ihrer
segenbringenden Wirksamkeit umfassend, nicht bloss in
Europa, wo noch bis in die neueren Zeiten hinein christliche Sklaven zu finden waren, sondern auch in Amerika,
Asien und Afrika erhebliche Sklavenmassen antraf und
solche in den beiden letztgenannten Erdteilen bei den Mohammedanern und Heiden heute noch antrifft. Es gehört
daher zu unserer Aufgabe, die bezüglich der Sklaven und
ihrer Geschlechtsverbindungen in den erwähnten Ländern
bestehenden Verhältnisse, Rechtsgewohnheiten und Rechts-
sätze, soweit Nachrichten hierüber zu erlangen waren, unter besonderer Berücksichtigung etwaiger Rechtsvorschrif-
ten hinsichtlich der Ehen freier Personen mit Sklaven,
sowie des error conditionis servilis darzulegen und in Ver-

---

rechtes bis zum Verfall der Glossenlitteratur (Tübingen 1888),
welchem eingehende und umfassende rechtsgeschichtliche Studien zu Grunde liegen.

bindung hiermit zu zeigen, ob und inwieweit bei den Völkern der genannten Erdteile das von der Kirche geschaffene Eherecht und vor allem das kirchliche impedimentum erroris conditionis servilis Platz greifen konnte, bezw. gegriffen hat und heutzutage noch vorkommt. Bei Lösung dieser Frage war der Verfasser eifrig bemüht, aus den Ländern, wo die Sklaverei bis in die neueste Zeit hinein sich erhalten hat (wie in Nordamerika und Brasilien) und wo dieselbe gegenwärtig noch besteht (wie in Asien und Afrika) einen dem wirklichen Leben angehörenden Fall von error conditionis servilis in Erfahrung zu bringen, um diesen geeignet zu verwerten.

Unter Berücksichtigung der genannten beiden Punkte, welche übrigens für die Rechts- und Kulturgeschichte, sowie für die Rechtsvergleichung manches Interessante bieten wird, glaubt der Verfasser einige neue Beiträge zur Lehre von dem kirchlichen Ehehindernis des Irrtums bezüglich der Unfreiheit des Mitkontrahenten zu liefern, und es würde ihn aufrichtig freuen, wenn dies ihm gelungen sein sollte.

Der Bearbeitung dieser Fragen nun sollen der erste und zweite Abschnitt der nachstehenden Darlegung gewidmet werden. Hieran wird sich im dritten Abschnitte eine dogmatische Darstellung des Ehehindernisses des error conditionis servilis anschliessen, was schon deshalb gerechtfertigt erscheint, weil dasselbe in den asiatischen und afrikanischen Missionsbezirken noch immer vorkommen kann, seine juristische Behandlung also auch heute noch für das Kirchenrecht immerhin praktische Bedeutung hat.

I. Abschnitt.

Geschichtliche Darstellung.

_____ .

I. Kapitel.

Die Geschlechtsverbindungen der Unfreien im weltlichen römischen und deutschen Rechte.

§ 1.

1) Die Geschlechtsverbindungen der Unfreien im römisch-byzantinischen Rechte.

1. Die Sklaverei war im Gebiete des römischen Rechtes als eine Einrichtung des ius gentium [1]) seit alten Zeiten in Geltung. Sie charakterisierte sich dadurch, dass die Unfreien (servi, ancillae) rechtlich nicht Person, sondern Sache und als solche Eigentum ihrer Herren waren und sich völlig in deren Gewalt befanden. Persönlichkeit, Rechtsfähigkeit war dem Sklaven vom Rechte nicht zuerkannt [2]); vielmehr wurde er mit dem Tiere auf eine Stufe gestellt [3]).

----

1) § 2 J. de iure person. (1, 3): Servitus autem est constitutio iuris gentium, qua quis dominio alieno contra naturam subicitur; vgl. dazu l. 4 D. de iustit. (1, 1), l. 4 D. de statu hom. (1, 5) und Gai. Instit. (ed. Krüger) I. 52.

2) l. 32 D. de R. J. (50, 17), Ulpianus l. 43 ad Sabinum: Quod attinet ad ius cirile, servi pro nullis habentur; l. 3., § 1 D. de capit. min. (4, 5), Paulus l. 11 ad Edictum: Servile caput nullum ius habet. Siehe noch l. 20., § 7 D. qui testam. (28, 1), l. 209. D. de R. J. (50, 17).

3) l. 48., § 5 D. de furtis (47, 2).

2. Von diesen Rechtsgrundsätzen [1]) fällt nun das richtige Licht auf die Stellung der Geschlechtsverbindungen der unfreien Leute innerhalb des römischen Rechtes. Bei Betrachtung dieses Punktes unterscheiden wir zwei Fälle: die Verbindungen von Sklaven unter einander und diejenigen von Unfreien mit freien Personen.

a) Sklaven konnten gemäss ihrer oben gezeichneten rechtlichen Stellung unter einander keine Verbindung eingehen, welche den Charakter einer vom Rechte anerkannten Ehe gehabt hätte und mit den Wirkungen einer solchen ausgestattet gewesen wäre. Das römische Recht betrachtete eben die Ehe als ein R e c h t s v e r h ä l t n i s im eminenten Sinne [2]); es war daher der Natur der Sache entsprechend und völlig konsequent, dass der Unfreie von der Eingehung eines solchen R e c h t s v e r h ä l t n i s s e s durch das Recht ausgeschlossen, rechtlich eheunfähig war. Die Verbindung zweier Unfreien war lediglich ein t h a t s ä c h l i c h e s Zusammenleben, ein contubernium [3]), ohne rechtliche Folgen und Bedeutung, und natürlich ist es, dass der Herr seine Einwilligung zur Begründung dieses thatsächlichen Verhältnisses geben musste, sowie es ihm jederzeit auch frei stand, dasselbe etwa durch Verkauf des einen Teiles wieder aufzuheben. Selbstverständlich konnte nach dem Gesagten an einer Sklavin ein E h e b r u c h nicht begangen werden [4]).

---

1) Der leibherrlichen Gewalt wurden in früheren Zeiten sicherlich durch die gute Sitte Schranken gezogen, während später, namentlich unter den Kaisern, das Recht hier hindernd eingreifen musste. Vgl. l. 1., § 8 D. de off. praef. urbi (1, 12); Gai. Inst. I, 53. W a l t e r, Geschichte des Röm. Rechtes II, Bonn 1871, S. 61 und die dort angeführten Stellen.

2) F r e i s e n, Geschichte des kanonischen Eherechts (Tübingen 1888), S. 111.

3) Boëth. in Cic. Top. c. 4: Connubium est matrimonium *inter cives; inter servos* autem aut inter civem et peregrinae conditionis hominem aut servilis non est connubium, sed *contubernium* (D a n z, Lehrb. der Geschichte des Röm. Rechts I. T. § 91, S. 148 [2. A.], Leipz. 1871).

4) l. 23. C. ad leg. Jul. de adult. et stupro (9, 9): Servi ob

b) Auch die Verbindungen unfreier Leute mit freien Personen waren keine echten Ehen (nuptiae), sondern nur contubernia[1]). Bei diesem Punkte haben wir Fälle, in welchen der weibliche Teil frei ist, und diejenigen, wo der männliche Teil die Freiheit besitzt, besonders zu betrachten.

I. Hinsichtlich der Verbindungen der ersten Art unterscheiden die Quellen zwischen denen, welche freie Frauen mit ihren e i g e n e n Sklaven eingehen, und denen, welche freie Frauen mit f r e m d e n Unfreien schliessen.

α) Das contubernium einer freien Frau mit ihrem e i g e n e n Sklaven hat für diese besonders harte Strafen zur Folge[2]).

β) Das contubernium einer freien Frau mit einem f r e m d e n Unfreien hatte nach dem Senatusconsultum Claudianum (ao. 805 u. c., 52 p. Chr.) für diese die Wirkung, dass sie in den Stand ihres Kontubernalen eintreten musste, falls der Herr seine Einwilligung versagt und ein dreimaliges feierliches Verbot, den Umgang mit dem Unfreien fortzusetzen, an die Frau erlassen hatte[3]). Dagegen behielt das Weib die Freiheit, wenn seinerseits hierüber ein Uebereinkommen mit dem Herrn getroffen und dessen Zustimmung zur Begründung des Verhältnisses gegeben

violatum contubernium suum adulterii accusare non possunt (Konstitution von Diokletian und Maximian ao. 290).

1) Ulpian (ed. K r ü g e r), liber sing. regularum, tit. 5, § 5: Cum servis nullum est connubium; Paulus (ed. K r ü g e r), libri V sententiar., l. II, tit. 19, § 6: Inter *servos et liberos* matrimonium contrahi non potest, *contubernium* potest; l. 3. Cod. de incest. nupt. (5, 5) [Constantin ao. 319]: Cum ancillis non potest esse connubium.

2) l. un. C. de mulier., quae se *propriis* serv. iunx. (9, 11).

3) P a u l u s, sentent., lib. II, tit. 21 a [De mulieribus quae se servis *alienis* iunxerunt vel ad Senatus Consultum Claudianum] § 1: Si mulier ingenua civisque Romana vel Latina *alieno* se servo coniunxerit, *si quidem invito et denuntiante domino in eodem contubernio perseveraverit, efficitur ancilla.* Siehe noch eod. § 14 und 15, sowie Gai.-Inst. I, 91 und 160.

worden war [1]). Diese Bestimmungen behielten Kraft bis auf Justinian, welcher aus Rücksicht auf die religio temporum suorum gesetzlich der Frau ihre Freiheit für den Fall garantierte, dass sie mit einem Sklaven ein Kontubernium einging [2]).

Dieselben Bestimmungen Justinians galten bezüglich der Verbindungen freier Frauen mit Grundhörigen (Kolonen), welche persönlich frei, aber dinglich gebunden waren, zum Gute gehörten [3]). Da aber gerade diese Kolonen, die eine social höhere Klasse von Unfreien bildeten, mit Vorliebe Verbindungen mit freien Frauen anstrebten, was auch der Kaiser l. c. andeutet, und da die Kinder aus solchen Verbindungen der Mutter folgend Freie wurden, so war zu befürchten, dass auf diese Weise der Stand der Kolonen, der Bebauer der Landgüter, allmählich verschwinden werde. Daher fügte Justinian der oben angeführten Bestimmung die weitere hinzu, dass die Herren ihre Kolonen (und auch Sklaven), welche eheliche Verbindungen mit freien Weibern einzugehen wagten, nach vorgängiger Bestrafung von diesen Frauen trennen sollten [4]).

II. Der freie Mann hatte aus einem contubernium mit einer fremden Sklavin zur Zeit, wo das Senatusconsultum Claudianum noch in Kraft war, nicht die schlimmen Rechtsfolgen zu gewärtigen, wie die freie Frau. Denn er behielt s t e t s seine Freiheit, auch wenn der Herr ihm

---

1) Gai.-Inst. I, 84: Ex Senatus Consulto Claudiano poterat civis Romana, quae *alieno servo volente domino eius* coiit, *ipsa ex pactione libera permanere.*

2) l. un. pr. C. de S. C. Claudiano toll. (7, 24). Diese Bestimmung ist in die Basiliken übergegangen. Basil. (ed. Heimbach), XLVIII. 25. 1.

3) Ueber die Kolonen vgl. Sohm, Institutionen des röm. Rechts (Leipzig 1888), Seite 105 Anm.

4) Vgl. dazu noch nov. 22, cap. 17, wo Justinian die Ehe einer freien Frau mit einem fremden Hörigen für nichtig erklärt (nec nuptiae sint, quod gestum est nec dos nec donatio propter nuptias).

den Verkehr mit der Sklavin verboten hatte [1]). Auch
war ihm ein contubernium mit seiner **eigenen** Sklavin
gestattet (was bei der freien Frau nicht der Fall war);
wenigstens bemerken die Quellen nicht das Gegenteil.

Aus dem Gesagten ergiebt sich nun, dass zwischen
Freien und Sklaven eine **Ehe** nur zustande kommen
konnte, sobald der unfreie Teil die Freiheit erlangt hatte.
Demnach gestand Justinian die **Ehe** einer Sklavin mit
einem Freien bloss dann zu, wenn der Herr sie mit dem
Vorgeben verheiratete, dass sie frei sei [2]). **Die Ehe** des
Herrn mit der eigenen Sklavin war eine rechtmässige,
wenn er ihr die Freiheit gab und Ehepakten schloss [3]).
Endlich wurden noch von der Kaiserin Irene (um das Jahr
800) alle aus einer mit einer Sklavin geschlossenen Ehe
entstammenden Kinder für **uneheliche** erklärt [4]).

3. Da nach den vorstehenden Ausführungen **eine
Ehe** zwischen Freien und Unfreien an sich rechtlich un-
möglich war, so folgt hieraus von selbst, dass dabei ein
Irrtum des freien Teiles betreffs der Unfreiheit des
Mitkontrahenten (error conditionis servilis) rechtlich nicht
in Betracht kam.

Eine Ehe ist in solchem Falle ja **von vornherein**
ausgeschlossen, mag nun noch ein Irrtum hinsichtlich des

---

1) l. 3. C. de liberali causa (7, 16): Si liber homo *alienae
ancillae contubernium* sequatur, licet ei fuerit denuntiatum, ut
se abstineret, servus domini mulieris non fit (Imp. Alexander
Severus ao. 225).

Vgl. G o n z a l e z T e l l e z, Commentar. in libr. IV. Decretalium Gregorii IX., tit. IX., cap. fin. num. 4: In hac tamen re,
ut aliis plerisque iuris, *deterior fuit conditio* feminarum, quam
masculorum, cum isti liberi manerent, mulier vero libera appe-
tens impar servi consortium — ex senatusconsulto Claudiano
ancilla ipsius Domini efficiebatur.

2) Nov. 22. cap. 11; siehe Z h i s h m a n, das Eherecht der
orbital. Kirche (Wien 1864) S. 637.

3) Nov. 18, cap. 11.

4) Z h i s h m a n, a. a. O. S. 638.

unfreien Standes des mitkontrahierenden Teiles bei dem
Freien obgewaltet haben oder nicht. In diesem Sinne
lautet eine Entscheidung Justinians: Si vero *statim ab
initio* quis putaverit se liberae personae iungi, deinde vero
illa servilis conditionis esse appareat, non dicimus *solvi
matrimonium, sed ab initio matrimonium non fuisse propter* eam rationem, quam ante diximus, *conditionis in-
aequalitatem* [1]). Betreffs der Kinder aus einer solchen
Verbindung ist zu unterscheiden zwischen denjenigen Fällen, wo der Vater und denjenigen, wo die Mutter frei ist.

I. Im ersten Falle galt Folgendes: Waren die Kinder
männlichen Geschlechtes, so folgten sie gemäss älterer
Rechtsvorschrift dem Stande des Vaters, d. h. sie waren
frei; die Nachkommen weiblichen Geschlechtes aber sollten
dem Stande der Mutter angehören, d. h. unfrei sein. Diese
inkonsequente Anwendung des Rechtssatzes: partus sequitur
ventrem änderte Vespasian durch die Bestimmung, dass
s ä m m t l i c h e   K i n d e r   S k l a v e n sein und dem Herrn
der unfreien Mutter als Eigentum zufallen sollten [2]).

II. War dagegen die freie M u t t e r der irrende Teil,
so befanden sich die Kinder nach einer kaiserlichen Entscheidung im Besitze der Freiheit, wenngleich sie als uneheliche, spurii, zu betrachten sein sollten [3]).

4. Nach der seitherigen Darstellung lässt das rö-
misch-byzantinische Recht die Gleichstellung der Geschlechtsverbindungen der Unfreien mit den Ehen der
Freien bis tief in die christliche Aera hinein durchaus

---

1) Nov. 22, cap. 10. Basil. XXVIII. 7. 21 (ed. H e i m b a c h,
III p. 237); P a u l u s, sentent. lib. II, tit. 21a, § 14: Mulier ingenua, quae se sciens servo municipum iunxerit, etiam citra de-
nuntiationem [ex senatus consulto Claudiano] ancilla efficitur:
non item, si nesciat. nescisse autem videtur, quae comperta
condicione contubernio se abstinuit.

2) G a i. Inst. I, 85.

3) l. 3. C. soluto matr. quemadmod. dos pet. (5, 18). [Basil.
XXVIII. 8. 67]: Filii, ut ex libera nati, incerto tamen patre,
spurii ingenui intelliguntur.

vermissen. Welche Auffassung aber die Kirche des Occidentes und des Orientes bezüglich der erstgenannten Verbindungen jenem Rechte gegenüber an den Tag gelegt und welchen Einfluss sie auf letzteres im Laufe der Zeit gewonnen hat, wird weiter unten des Näheren dargelegt werden (§§ 3 und 4).

§ 2.

2) Die Geschlechtsverbindungen der Unfreien im deutschen Rechte.

1. Nach den deutschen Volksrechten war der Sklave nicht Person, sondern Sache. Mit der Aufzählung der Edeln, Freien und Liten ist der Begriff des Volkes erschöpft. Der Sklave wird mit dem Vieh zusammen unter Sachen aufgeführt[1]). Daher kann der Herr ganz nach seiner Willkür mit ihm verfahren, ihn töten oder verstümmeln[2]), sowie er auch das Recht hat, seinen Unfreien als Bestandteil seines Vermögens zu veräussern[3]), wenn wir immerhin nach der Schilderung des Tacitus (Germ. cap. 25) annehmen können, dass letzteres wegen der wirtschaftlichen Verhältnisse im allgemeinen wenig geschehen ist[4]).

---

1) Siehe darüber Jastrow, Zur strafrechtlichen Stellung der Sklaven bei Deutschen und Angelsachsen. Breslau 1878 [in den Untersuchungen zur deutschen Staats- und Rechtsgeschichte von O. Gierke, Heft II] Seite 9. 10. 12. 13. 25. 27. 28. 32; Gfroerer, Zur Geschichte deutscher Volksrechte im Mittelalter, Schaffhausen 1866, II. Bd. S. 3 fg.

2) Tacit. Germ. cap. 25. Dieses Kapitel zeigt indessen auch, dass das thatsächliche Verhältnis des Unfreien zu seinem Herrn bei den Germanen ein besseres war als bei den Römern, wenigstens zur Zeit des Tacitus, was bei einem Vergleich der sittlichen, wirtschaftlichen und sozialen Zustände beider Völker in jener Zeit auch recht erklärlich ist. [Zu et servus hactenus paret, cap. 25, vgl. Grimm, Deutsche Rechtsaltertümer, S. 350].

3) Gfroerer, a. a. O.

4) Koehne, Die Geschlechtsverbindungen der Unfreien im fränkischen Recht. Breslau 1888 [in den Untersuchungen zur deutschen Staats- und Rechtsgeschichte von O. Gierke, Heft XXII] Seite 8.

2. Obgleich nun bei diesen Anschauungen der deutschen Rechte, so des friesischen, sächsischen, thüringischen,
salischen, ripuarischen, alamannischen und langobardischen
Rechtes, eine Uebereinstimmung mit den in Frage kommenden Sätzen des römisch-byzantinischen Rechtes nicht
zu verkennen ist (siehe oben S. 4), so besteht doch zwischen beiden Rechten ein bedeutsamer Unterschied bezüglich der Auffassung der Geschlechtsverbindungen von und
mit unfreien Leuten. Denn während diesen, wie wir oben
(Seite 5 fg.) gesehen haben, vom römisch-byzantinischen
Rechte viele Jahrhunderte selbst der christlichen Aera hindurch der Ehecharakter völlig abgesprochen wurde, galten,
wie K ö h n e [1]) mit Recht hervorhebt, die erwähnten Geschlechtsverbindungen in den deutschen Rechten als Ehen
und wurden hier (bereits in den ältesten Texten der
Salica) als *matrimonia* und *coniugia* bezeichnet; ja die
lex Bajuwariorum spricht von einer ancilla maritata
im Gegensatz zu der ancilla virgo. Diese Erscheinung ist
daraus zu erklären, dass nach der von F r e i s e n [2]) aufge-

---

1) K o e h n e, a. a. O. Seite 7 fg. und Seite 25 gegen S c h e -
r e r, welcher in seiner Schrift „über das Eherecht bei Benedikt
Levita und Pseudor-Isidor" (Graz 1879) die Ansicht vertritt,
dass die Unfreien nach germanischem Rechte der Ehefähigkeit
entbehrt hätten, aber später den von K ö h n e in dessen ange-
führter Schrift gemachten Ausführungen beitritt und den ehelichen Charakter der Sklavenverbindungen anerkennt (Archiv
für kathol. Kirchenrecht, Bd. 60 (1888), Seite 201).

2) a. a. O., II. Abschnitt, 1. Kapit., III. Das Eheschliessungs-
recht der Deutschen (Seite 103 fg.). F r e i s e n tritt hier mit
Recht gegen S o h m auf, welcher in seiner Schrift: Das Recht
der Eheschliessung aus dem deutschen und kanonischen Recht
geschichtlich entwickelt (Weimar 1875) ausführt: Die Ehe im
altdeutschen Rechte werde durch die Verlobung geschlossen;
letzteres sei das Rechtsgeschäft, wodurch die Eheschliessung er-
folge, die Trauung sei dann bloss eine thatsächliche Erfüllung
der Ehe; mit der Verlobung trete das gegenseitige Treuver-
hältnis ein, mit der Trauung die ehemännliche Gewalt; ferner
gegen L ö n i n g (Geschichte des deutschen Kirchenrechts, 1878,
II, 569 fg.) und v. S c h e u r l (Die Entwicklung des kirchlichen

stellten und von mir auf Grund sorgfältiger Prüfung der einschlägigen Quellen geteilten Ansicht die Ehe im alten deutschen Rechte ein **natürliches (sittliches) Verhältnis** und nicht, wie im römischen Rechte, ein **Rechtsverhältnis** war und dass die Frage, wodurch eine Ehe geschlossen, wann eine solche existent werde, ausserhalb der Sphäre des Rechts lag und von dessen Bestimmungen nicht berührt wurde. „Sie hat als natürliches Verhältnis nicht die ehelichen Güterrechte, die Frau und Kinder haben kein Erbrecht an den Mann, der Mann ist nicht Vormund der Frau. Soll die Ehe diese Rechtswirkungen haben, so muss der Mann sich das mundium über die Frau erwerben." Nur hierüber, nämlich über den Erwerb des mundium durch den Mann, trifft das alte deutsche Recht Bestimmungen, über die Eheschliessung dagegen nicht. Bei ersterem musste natürlich der Vormund der Frau thätig sein, indem er diese dem Manne verlobte; letztere

---

Eheschliessungsrechtes, Erlangen 1877, Seite 35 fg. und das gemeine deutsche Eherecht, Erlangen 1881, Seite 43 fg.), nach denen die Ehe durch Verlobung und Trauung geschlossen wird; das Wesen der Eheschliessung bestehe nach altdeutschem Recht darin, die Vollziehung einer vorhergegangenen Verlobung zu sein; letztere, die vom Vormunde der Braut durch Uebertragung des mundium an den Brautwerber vollzogen wird, sei der Rechtsgrund, auf welchem die Giltigkeit der Ehe beruht, und die Eheschliessung sei nichts anderes als der notwendige Vollzug des Rechtsgeschäftes der Verlobung. — Allein die Thatsache, dass nach den Quellen die verehelichte Sklavin gerade so gut eine Ehefrau, uxor, ist, wie die freie Frau, und dass andrerseits die Unfreien vom Rechtsverkehr ausgeschlossen sind, also das Rechtsgeschäft der Verlobung, ohne welches nach den angeführten Meinungen ja die Ehe im alten deutschen Rechte nicht sollte geschlossen werden können, gewiss nicht vorzunehmen vermochten, beweist zur Genüge, dass, wie auch der folgende Text lehrt, die Eheschliessung von den Bestimmungen der alten germanischen Rechte nicht berührt wird: auch der rechtlose Sklave kann eine Ehe schliessen und in einer solchen leben. Das mundium hat mit der Eheschliessung nichts zu thun. (Vgl. hierzu noch Habicht, die altdeutsche Verlobung, 1879, Seite 9, 34.)

aber wurde durch die Nupturienten allein vermittelst gegenseitiger Konsenserklärung oder der copula, verbunden mit affectus maritalis, vollzogen. Nicht bei jeder Verbindung fand Uebertragung des mundium an den Ehemann durch den Vormund statt, wenn auch dies regelmässig geschehen sollte; nichtsdestoweniger war ein solches Verhältnis ohne mundium die eigentliche Ehe. „Denn die Eheschliessung hat mit dem Erwerb des mundium nichts zu schaffen; die Eheschliessung ist Sache des Bräutigams und der Braut." Hiernach konnten denn auch solche Leute in einer echten Ehe (coniugium) leben, welche mehr oder weniger der Rechtsfähigkeit entbehrten, also gewiss ein mundium nicht erwerben konnten; aber da sie doch Träger eines natürlichen Willens waren, so konnten sie vermittelst desselben eine Ehe, die ja nur ein natürliches Verhältnis war, abschliessen. Daher wird auch in den Quellen die verheiratete Sklavin ebenso gut uxor genannt wie die freie Ehefrau[1]. Freilich war eine solche Sklavenehe nicht das matrimonium legitimum, d. h. die Ehe mit allen Rechtswirkungen, die nur unter den freien Leuten stattfand. Allein wie nach J a s t r o w[2] die Unfreien des deutschen Rechtes in strafrechtlicher Hinsicht nicht überall als Sachen behandelt wurden, so sind sie auch bezüglich ihrer Ehen nicht durchweg vom Rechtsverkehre ausgeschlossen worden: auch ihren ehelichen Verbindungen können dadurch Rechtswirkungen eignen, dass der Sklave eine dem mundium ähnliche Gewalt über seine unfreie Ehefrau erwirbt (s. unten).

Dies vorausgeschickt, sollen nun im Nachstehenden die Fälle, in denen zwei Unfreie untereinander heiraten, und diejenigen, wo freie Personen mit unfreien Leuten eine Ehe schliessen, besonders behandelt werden.

a) Der Bestand der von zwei Unfreien eingegangenen Ehe war in der merowingischen wie karolingischen

1) Edict. Roth. 219 u. ö.
2) In der Seite 10 Note 1 angeführten Schrift passim.

Zeit durch die Einwilligung des oder der Herrn bedingt [1]).
Diese Zustimmung wurde auch äusserlich durch eine sym-
bolische Handlung, die herkömmliche Uebergabe der Braut
an den Bräutigam (legitima traditio), gekennzeichnet. Die
Erteilung dieses consensus erkaufte der Sklave häufig von
dem Herrn [2]); er erhält hierdurch eine dem mundium ähnliche Gewalt über die geehelichte Unfreie und sein Verhältniss zu seiner Ehefrau wird dem Verhältniss des Freien
zu der seinigen gleichgestellt. Hier ist demnach die Sklavenehe schon eine Ehe mit Rechtswirkungen und nimmt Teil an
dem Charakter des matrimonium legitimum, der Vollehe der
freien Leute, und dem entsprach es denn auch, dass in dem
Verkehre des dominus mit verheirateten Sklavinnen eine Ver-
letzung d e s R e c h t e s des Ehemannes, e i n E h e b r u c h
erblickt und als solcher bestraft wurde. So geschah es
im langobardischen und angelsächsischen Rechte [3]): es erscheint dabei der Sklave eher als Person, welche Rechte
haben kann, denn als Sache. Hier kommen wohl christliche Anschauungen zum Durchbruch, und sicherlich können wir annehmen, dass diese auch im Gebiete noch anderer
Rechte als der bezeichneten die Anerkennung der Persönlichkeit der Unfreien und somit der Fähigkeit der letzteren zur Eingehung einer Ehe m i t R e c h t s w i r k u n -
g e n angebahnt und endlich mehr oder minder durchge-
setzt haben.

Wie nun aber dem Gesagten zufolge der Bestand der
Sklavenehe durch den consensus domini bedingt war, so
hörte jene auch zu bestehen auf, sobald der Herr seine
Einwilligung zurücknahm. Zwar verpflichtete sich dieser

---

1) K o e h n e, a. a. O. Seite 8, 28 und 29. Nov. 68 ad leg. Sal.
(ed. M e r k e l): Si servus ancillam alienam *extra voluntate* domini sui sibi coniugium copulaverit, malb. anthamo, soli-
dos 3 culpabilis iudicetur. Lex Visig. III. 3. cap. 10; IX. 1. cap.
15: A servo vero si voluerit [scil. mulier ingenua] non separetur; *si tamen hoc et dominus servi voluerit.*

2) K o e h n e, a. a. O. Seite 8.

3) J a s t r o w, a. a. O. Seite 35, 40 und 45.

durch Erteilung seiner Genehmigung, wo nicht juristisch, so doch moralisch, die Ehe bestehen zu lassen; allein es war ihm Kraft des Eigentumsrechtes an seinem Sklaven rechtlich jederzeit gestattet, die Verbindung durch Einzelverkauf der Gatten zu trennen [1]), obgleich, wie oben schon betont worden ist, im allgemeinen die wirtschaftlichen Verhältnisse den Unfreien gegen Verkauf einigermassen Schutz boten.

b) Auch der Bestand der von freien Personen mit Unfreien geschlossenen Verbindungen, welche wahren Ehecharakter besassen, war abhängig von der Einwilligung des Herrn [2]). Freilich war nach deutschem Rechte die Standesungleichheit an sich ein Ehehindernis und waren Ehen nur zwischen zwei ebenbürtigen Personen gestattet, also zwischen zwei Freien und zwei Unfreien. Sollte demnach zwischen einer freien und einer einem anderen gehörenden, also unfreien Person eine Ehe geschlossen werden, so musste vorerst eine Aufhebung des Standesunterschiedes dadurch herbeigeführt sein, dass der unfreie Teil von seinem Herrn die Freiheit erhalten hatte. Der tiefere Grund für diese rechtliche Erscheinung liegt meines Erachtens in der ernsten Sorge für die Reinerhaltung der Standesunterschiede, auf welche die Germanen so überaus grossen Wert legten. Die Ehe einer freien Person mit einer unfreien setzte sich so sehr in grellen Widerspruch mit dem innersten Volksbewusstsein, dass in dem Falle, wo eine freie Frau einem Sklaven gefolgt war, allgemein gewaltsame Entführung präsumirt wurde, da man sich nicht denken konnte, dass eine Freie mit einem Unfreien freiwillig eine standes- und rechtswidrige Verbindung entgegen den Anschauungen ihres Volkes eingehen werde [3]).

---

1) Koehne, a. a. O. Seite 8.

2) Die Ehe der freien Frau mit ihrem eigenen Sklaven büsste diese mit dem Tode. Koehne a. a. O. S. 16 (auch das römische Recht zeigt sich in diesem Punkte sehr streng, s. oben Seite 6).

3) Koehne, a. a. O. Seite 14.

Allein wenn auch hiernach die Standesungleichheit im deutschen Rechte an sich ein Ehehindernis bildete, so waren doch die gleichwohl zwischen freien Personen und unfreien Leuten geschlossenen Verbindungen giltige, echte Ehen (coniugia), denen auch Rechtswirkungen eigneten.

Es blieben freilich diese Ehen, gerade wie diejenigen zweier Unfreien, nur dann für die Dauer aufrecht erhalten, wenn der Herr des unfreien Ehegatten seine Genehmigung erteilte oder doch das eheliche Verhältnis unangetastet liess [1]). Dabei traf jedoch den freien Teil — sei dies der Mann oder die Frau — in der Merowinger- wie Karolingerzeit durchweg der Verlust der Freiheit zur Strafe dafür, dass er eine vom Gesetze missbilligte Ehe geschlossen hatte, wofern nicht der Eigentümer des unfreien Teiles sich herbeiliess, auf die Geltendmachung aller Rechte an dem freien Gatten ausdrücklich vertragsmässig zu verzichten, wobei dann auch den Kindern zumeist die Freiheit zugesichert wurde [2]). Solche Freiheitsgarantierungen sind, wie

---

1) Freisen, a. a. O. Seite 111 und 281. Koehne, a. a. O. Seite 12 und 30.

2) Koehne, a. a. O. Seite 16—19 und Seite 32.

Vgl. noch die 29. Formel im 2. Buche Markulfs (L. L. V, formulae Merowingici et Karolini aevi, ed. Zeumer, 1886, pag. 93): illud non habetur incognitum, qualiter servus meus nomen ille te absque parentum vel tua voluntate rapto scelere in *coniugium sociavit*, et ob hoc vitae periculum incurrere potuerat, sed intervenientes et mediantes amicis vel bonis hominibus convenit inter nos, ut, si aliqua procreatio filiorum horta fuerit inter vos, in integra ingenuetate permaneant. Hier wird nach gewaltsamer Entführung der Frau zwischen dieser und ihren Angehörigen, sowie dem Herrn des Sklaven vereinbart, dass der Entführer straflos bleiben und ein *coniugium*, also eine echte Ehe, zwischen der freien Frau und dem Sklaven begründet sein solle, während ihr selbst und den Kindern die Freiheit gewahrt wird. Uebrigens enthalten die Quellen (Formeln, Urkunden) fast gar keine Fälle, in denen freie Männer mit Sklavinnen Ehen geschlossen hätten; hinsichtlich des

wir unten sehen werden, meist das Werk der Kirche gewesen (Seite 32).

3. Mit den im Vorstehenden dargelegten bezüglich
der Verbindungen zwischen freien Personen und unfreien
Leuten geltenden Anschauungen des deutschen Rechtes der
in Frage kommenden Zeit hängt auf's engste zusammen
die Bestimmung, gemäss welcher solche Ehen als nicht
bestehend angesehen werden sollten, die freie Personen
mit unfreien im guten Glauben geschlossen hatten, dass
letztere im Besitze der Freiheit seien. Es hätte ja bei der
Ehefähigkeit des Sklaven diese Ehe, wie wir gesehen haben, bestehen können; doch für den Freien stritt den bereits oben erwähnten Anschauungen des Volkes gemäss
die Vermutung, dass er bei richtiger Kenntnis von dem
wahren Sachverhalte die Eingehung der vom Rechte verbotenen und für ihn selbst den Freiheitsverlust bewirkenden
Ehe mit einem Unfreien n i c h t w ü r d e g e w o l l t h a b e n.
In dieser Annahme durfte denn auch das Gesetz einer solchen unter einem error conditionis servilis abgeschlossenen
Verbindung (die ja nur dem äusseren Scheine nach eine
von dem freien Teile gewollte Ehe war) die Verknechtung
dieses letzteren nicht folgen lassen, musste ihm vielmehr das
Recht zur Aufhebung der Lebensgemeinschaft zuerkennen
und dadurch ihm die Möglichkeit geben, der Verknechtung
zu entgehen. Dabei jedoch stand es ihm frei, nach Er-
kenntniss seines Irrtums eine Ehe mit dem seitherigen
Scheingatten zu begründen, freilich mit Unterwerfung unter

umgekehrten Falles dagegen, wo nämlich eine freie Frau einen
Sklaven ehelichte, liegen zahlreiche Beispiele vor (über den
Grund dieser Erscheinung s. Gfroerer a. a. O. Seite 84 und
Koehne a. a. O. S. 18). Ueber die auf Eingehung standeswidri-
ger Ehen gesetzten Strafen siehe noch Gfroerer a. a. O. cap.
V, Seite 46 fg. Hier möge auch auf den Unterschied vom röm.
Rechte hingewiesen werden, nach welchem der freie Mann bei
einer Verbindung mit einer fremden Sklavin stets die Freiheit
behielt (s. oben S. 7), während dies bei der freien Frau nur
dann der Fall war, wenn sie hierüber mit dem dominus des
Sklaven eine besondere Vereinbarung getroffen hatte.

die aus derselben für ihn möglicherweise sich ergebenden Rechtsfolgen und nach erlangter Genehmigung des
Herrn, welche ja erst der Ehe auf die Dauer Bestand
verlieh.

Diese Ausführungen finden ihre Bestätigung in den
diesbezüglichen Gesetzesbestimmungen unseres Zeitraumes.
So sagt die lex Visigothorum [1]): Si servus in fuga positus
ad ignotos advenerit et sibi mulierem ingenuam in coniugio copulaverit, *eo quod dicat se ingenuum esse*: et hoc
mulier vel eius parentes ita factum convincerint, aut certe
iudex talem probationem a parte mulieris inspexerit: dum
dominus servi hanc veritatem agnoverit, nihil ipsi mulieri
damni aut calumniae moveatur, sed sit libera et filii, qui
ex eis sunt procreati, conditionem matris sequantur. A
servo vero, si voluerit, non separetur: si tamen hoc et dominus servi voluerit. Hiernach soll die freie Frau eben-
sowenig wie ihre Kinder in dem Falle, wo sie in Wirklichkeit betreffs des unfreien Standes des Mannes im Irrtume
sich befunden hat, einen Schaden (damnum), nämlich hinsichtlich der Ingenuität, erleiden, vielmehr wird ihr nebst
den Kindern die volle Freiheit gewahrt und zugleich die
Befugnis zur Aufhebung der bisherigen Lebensgemeinschaft
zuerkannt. Diese Gesetzesbestimmung kann nur von der
Annahme ausgegangen sein, dass eine freie Frau nicht mit
Bewusstsein eine Ehe mit einem Sklaven wolle, und dem-
gemäss erklärte eben das Gesetz, dass bei dem error conditionis servilis eine Ehe nicht zu stande kommen solle, fügte
aber hinzu, dass nach Aufklärung des Sachverhaltes es dem
freien Willen der pars libera anheimgegeben sei, nunmehr
mit dem Unfreien eine Ehe zu begründen, zu deren Bestand allerdings die Genehmigung des Eigentümers des
Sklaven erforderlich war. Die lex Frisonum enthält folgende hierher gehörende Bestimmung [2]): Si libera femina
lito nupserit, *nesciens eum litum esse*, et ille postea de

---

1) lib. IX, tit. I, cap. 15.
2) tit. VI (L. L. III, pag. 663, edid. de Richthofen).

capite suo eo quod litus sit, fuerit calumniatus, si illa sua
sexta manu iurare poterit, quod postquam litum cum esse
rescivit, cum eo non concumberet, ipsa libera permaneat
et filii, quos procreavit. Das Gesetz erhält hier (gerade
wie das Westgothische) die volle Freiheit der Frau und
ihrer Kinder aufrecht: eine Ehe, welche ja den Eintritt
des Freiheitsverlustes für die Frau und ihre Nachkommen-
schaft wahrscheinlich bewirkt haben würde, lag eben wegen des error conditionis servilis vom Standpunkte des
Gesetzes aus nicht vor. Eine solche wäre erst dann zu
stande gekommen, wenn die Frau nach Erkenntnis des
Sachverhaltes mit dem unfreien Manne die copula carnalis
vollzogen hätte, da hierdurch ihrerseits bekundet worden
wäre, dass sie nunmehr in der That und Wahrheit eine
Ehe mit dem Unfreien wolle, wobei sie sich freilich auch
in die Folgen fügen musste, welche eine derartige Ehe
für sie und die Kinder nach sich zog, nämlich in den
Verlust der Freiheit.

Weitere die vorliegende Frage in gleichem Sinne wie
die angeführten Gesetzesstellen entscheidende Bestimmungen
liefert uns das achte Jahrhundert. Da jedoch diese das
Werk der damaligen die Sklavenehe rechtlich normieren-
den Gesetzgebung der Kirche waren und von hier aus
erst in das weltliche Recht übergegangen sind, so empfiehlt es sich, dieselben unten (§ 3) bei der Erörterung
der Frage, wie die Kirche zu dem in Rede stehenden
trennenden Ehehindernisse des weltlichen Rechtes sich
verhalten hat, zur Sprache zu bringen. Dabei wird sich
auch zeigen, dass das kirchliche Recht in unserer Frage
die gleichen Anschauungen wie das weltliche Recht hat.

Es erübrigt noch die Bemerkung, dass bei den Sklavenverbindungen der letzterwähnten Art ausser dem error
conditionis servilis noch ein weiterer Punkt in Betracht
kam: nämlich der Mangel des consensus domini, ohne den
ja die Ehe überhaupt keinen Bestand haben würde. Mit
grosser Wahrscheinlichkeit können wir annehmen, dass der
Herr von der seitens einer freien Person mit einem seiner

Sklaven unter Irrtum über des letzteren Stand eingegangenen Verbindung vielfach nichts gewusst haben mag (so wenn der Unfreie entflohen war, anderswo sich niedergelassen hatte und dort sich für frei ausgab, ein Fall, welcher von der ersten der oben angeführten Gesetzesbestimmungen berücksichtigt wird); allein dass die Einwilligung des Herrn in die Heirat seines Sklaven bei den vorliegenden Fällen unter Umständen dem Unfreien **schon beim versuchten Abschlusse der Ehe** zur Seite stand, erhellt aus einem Schreiben des heiligen Bonifatius an einen Presbyter, das folgenden Wortlaut hat: Mando tibi, carissime, de praesente puero Athalhere: si illi necessitas in sua causa contingat, ut eum adiuvare studeas, *sicut ingenuum hominem*; et sic pro illo promittas amicis eius, *non quasi* pro servo. Et ego sic comprobavi, quia disponsare sibi disponit coniugem; *ut non timeat, quod servus sit* [1]). Der heilige Bonifatius erlaubt also hier einem seiner Sklaven eine Ehe zu schliessen, und zwar mit einer freien Frau (denn dies geht aus der Stelle klar hervor): damit der servus aber hieran durch seinen unfreien Stand nicht gehindert werde, so soll er auf Empfehlung seines Herrn von dem Presbyter Denhard nötigen Falles unterstützt werden, gerade als ob er ein freier Mann wäre.

Allein wenn auch hiernach der Herr seine Einwilligung zu der beabsichtigten Verheiratung seines Sklaven schon im Voraus gegeben hatte, so war dies bei den Verbindungen der in Rede stehenden Art ohne Belang, da ja das Zustandekommen einer Ehe wegen des Irrtums des freien Teiles von vornherein ausgeschlossen war.

4. Fassen wir zum Schlusse das Resultat dieses Paragraphen kurz zusammen, so ergibt sich:

a) Sklaven waren an sich im deutschen Rechte fähig, echte Ehen (matrimonia, coniugia), denen auch gewisse Rechtswirkungen eigneten, untereinander einzugehen.

---

1) Jaffé, Monument. Mogunt. (Bibl. III), pag. 245, Num. 96 (vgl. hierzu Koehne a. a. O., Seite 30).

b) Auch die Verbindungen zwischen freien Personen und unfreien Leuten waren echte Ehen (coniugia), wenn auch das Gesetz sie missbilligte und für den freien Teil den Verlust der Freiheit aus ihnen folgen liess, falls nicht mit dem Herrn des Sklaven ein anderes vereinbart wurde.

c) Zum Bestande der vorerwähnten Ehen war die Einwilligung des oder der Herrn notwendig.

d) In den Fällen des error conditionis servilis kam nach den Anschauungen des Volkes und des Rechtes eine Ehe nicht zustande, obwohl echte Ehen zwischen freien Personen und unfreien Leuten geschlossen werden konnten und auch vorkamen.

.

II. Kapitel.

Die Geschlechtsverbindungen der Unfreien im kirchlichen Rechte.

§ 3.

1) Das Recht der römischen Kirche bezüglich der Sklavenehen.

1. Nach der in den §§ 1 und 2 gegebenen Darlegung hatte die römische Kirche den die Geschlechtsverbindungen der Unfreien betreffenden Bestimmungen des römisch-byzantinischen und des deutschen Rechtes gegenüber eine verschiedene Aufgabe: in dem Gebiete des ersteren musste sie ihren Einfluss dahin geltend machen, dass die Ehefähigkeit des Sklaven anerkannt wurde, da diese hier dem Unfreien den allgemeinen Rechtsanschauungen gemäss versagt war; im Bereiche des letzteren dagegen lag es ihr nur ob, die Unauflöslichkeit der Sklavenehen zu schützen, da sie hier ja die Ansicht in Geltung

fand, dass der Unfreie in einer Ehe leben könne.
Jeden dieser beiden Punkte werden wir kurz für sich betrachten müssen.

a) Die Kirche fand ihren ersten Wirkungskreis innerhalb der römisch-griechischen Welt. Hier trat ihr auch
das mit den gesamten wirtschaftlichen Verhältnissen aufs
Engste verwobene Institut der Sklaverei entgegen und
diesem hat sie ihre ganze Aufmerksamkeit gewidmet. Freilich hat sie, nach dem Vorgange der Apostel den thatsächlichen Rechtszuständen Rechnung tragend, keineswegs
die mit den öffentlichen Einrichtungen so innig verknüpfte
Sklaverei direkt zu bekämpfen und mit einem Male abzu-
schaffen versucht; allein bei aller loyalen Haltung gegen
die einmal festgestellte öffentliche Ordnung der Dinge
waren ihre unausgesetzten Bemühungen von den Zeiten
des heiligen Paulus an vor allem darauf gerichtet, das
Institut der Sklaverei im christlichen Geiste umzugestalten
und hierbei insbesondere das richtige Verhältnis zwischen
Herren und Sklaven herzustellen. Im Verfolg dieser ihrer
menschenfreundlichen Aufgabe betonte sie den Herren
gegenüber nachdrücklich das Gebot der Liebe des Näch-
sten ohne Unterschied der Person; sodann lehrte sie ausdrücklich, dass die in Christo Getauften eins, alle Glieder
seines Leibes seien, dass in Christo jeglicher Unterschied
zwischen Freien und Sklaven gefallen sei und dass alle
gleichmässig der Segnungen und Gnadenmittel der Religion Christi teilhaftig werden sollten[1]. Hiernach ver-
stand es sich auch von selbst, dass der Unfreie zu dem
durch Christus eingesetzten Ehesakramente von der Kirche

---

1) Siehe zu dem Gesagten A. Kröss, Die Kirche und die
Sklaverei in Europa in den spätern Jahrhunderten des Mittelalters [in Zeitschrift für kathol. Theologie, 19. Jahrgang pro
1895 (Innsbruck)] Seite 284 fg. Vgl. dazu noch Röttscher, die
Aufhebung der Sklaverei durch das Christentum im ost- und
weströmischen Reiche (in Frankfurter zeitgemässe Broschüren,
Neue Folge, Bd. 8, Heft 10) Seite 311 fg. Wenn letzterer Seite
324 meint, dass nach 700 im oströmischen Reiche die Sklaverei

ebenso gut zugelassen wurde wie der Freie, m. a. W.
dass die Kirche die Sklaven für ehefähig hielt, und dabei
wurde stets auch die Unauflöslichkeit ihrer Verbindungen
betont.

So erklärte Papst Callistus I. († 223), dass eine
christliche Frau mit einem Sklaven *νομίμως γαμηθῆναι μὴ
νόμῳ* [d. h. nach heidnisch-römischem Gesetze] *γεγαμημένην*.
Darnach macht der Papst entgegen den althergebrachten
und tiefeingewurzelten nationalen Anschauungen die Möglichkeit einer Ehe nicht von der Ingenuität abhängig, erblickt vielmehr in der Verbindung von und mit unfreien
Leuten eine kirchlich giltige Ehe[1]) und erkennt ihnen die
kirchliche Einsegnung zu. Dieselbe Ansicht sprechen die
Erlasse späterer Päpste aus, wobei stets die Lehre von der Unauflöslichkeit der fraglichen Ehen hervorgehoben und einge-
schärft wird[2]). So bestimmt ein dem Papste Julius I. (337
bis 352) zugeschriebener Erlass, dass sicut ingenuus dimitti non
potest, sic *nec servus semel coniugio copulatus ulterius
dimitti poterit*[3]). Das coniugium, die giltige Ehe des
Sklaven, soll also nicht mehr aufgelöst werden. Ebenso
verordnet Papst Pelagius I. (550—560) in einem Schreiben an den Subdiakon Melleus, einen Kirchensklaven, welcher seine Frau verlassen hatte, mit derselben zu vereini-
gen[4]) und verbietet Papst Zacharias (741—752) einem
Freien, seine unfreie Frau, quam *in matrimonio* accepe-

---

völlig beseitigt und die spätere mittelalterliche Gesellschaft im
oströmischen Reiche, Italien und Frankreich (nicht dagegen in
Spanien) nur noch aus Freien und Hörigen bestanden habe, so
ist das ein grosser Irrtum, wie aus §§ 7 und 8 erhellt.

1) Doellinger, Hippolyt und Kallistus, Regensburg,
1853, cap. VI, Seite 158 fg.

2) Die Unauflöslichkeit einer einmal giltigen Ehe wurde
von jeher in der Lehre der katholischen Kirche als ein gött-
liches Gesetz betont; siehe hierüber Simar, Lehrbuch der Dog-
matik, Freiburg 1887 (2. Aufl.), Seite 790.

3) c. 1. C. XXIX. qu. 2.

4) Ivo von Chartres, decret. VIII, 55 (bei Migne Patro-
log. Tom. 161, pag. 595).

rit, zu entlassen[1]). So urteilten die Inhaber der obersten
gesetzgebenden Gewalt in der Kirche über die Verbindungen der Unfreien sowohl untereinander wie mit freien
Personen[2]).

Die vorgetragenen dem forum ecclesiae angehörigen
Grundsätze standen freilich in schroffem Gegensatze zu
den Anschauungen der damaligen Welt und Gesetzgebung[3])
und es ist ihnen viele Jahrhunderte hindurch nicht gelungen, eine Umgestaltung der öffentlichen Meinung und
Rechtsanschauung hinsichtlich der Sklavenehen herbeizu-
führen.

Das römische Recht der Kodifikation Justinians,
welche ja in Italien eingeführt war, betrachtet die Geschlechtsverbindungen der Unfreien, wie wir oben (§ 1)
gesehen haben, nach wie vor als contubernia, und diese
Ansicht wird von dem weltlichen Rechte auch nicht so
bald aufgegeben worden sein. Wenn auch hierin allmälig

---

1) c. 2. C. XXIX. qu. 2. Diese Stelle findet sich vielfach
in den älteren Quellen, so in den Bussordnungen der abend-
ländischen Kirche.

2) Wenn Leo d. Gr. an Rusticus von Narbonne (ao.
458 oder 459) schreibt: ancillam a thoro abicere, uxorem *certae
ingenuitatis* accipere, non duplicatio coniugii, sed profectus est
honestatis (c. 11. C. XXXII. qu. 2), so meint er mit der ancilla
eine Konkubine, nicht eine matrimonialiter copulatam (Glosse
hierzu); vgl. Gonzalez Tellez l. c. n. 15. Ueber den Widerspruch, in welchen Leo sich nur scheinbar zu seinen Vorgän-
gern setzt durch den Satz: nuptiarum foedera *inter ingenuos*
sunt legitima [c. 12 cod.] siehe Freisen, a. a. O. Seite 61; auch
Gonz. Tellez, l. c. n. 8.

3) Freisen schreibt a. a. O. Seite 282 bezüglich der oben
angeführten Bestimmung des Papstes Kallistus: „Man hat es
auffallend gefunden, wie der Papst diesen neuen von dem
römischen Recht durchaus abweichenden Satz aufstellen konnte,
und schon Hippolyt griff deshalb den Papst an. An einen
Einfluss des deutschen Rechtes kann hier nicht gedacht werden,
und es dürfte daher wohl nicht gewagt sein, wenn wir hier
eine Fortwirkung des alten jüdischen Rechtes (welches dem
Sklaven Ehefähigkeit beilegte) annehmen."

und in aller Stille ein Wandel zugunsten der Verbindungen
unter Sklaven eingetreten sein mochte, so scheint doch
selbst in späterer Zeit noch bisweilen vom weltlichen Rechte
eine Ehe zwischen Freien und Sklaven als unzulässig betrachtet worden zu sein [1]). Mochte nun aber auch die
bürgerliche Gesetzgebung betreffs der Zulässigkeit der Ehen
von und mit Unfreien sowie hinsichtlich der aus denselben
für den Freien etwa sich ergebenden Rechtsfolgen Bestimmungen treffen, wie immer sie wollte: das Recht der Kirche,
welcher kraft göttlichen Rechtes die Gesetzgebung in Ehesachen für ihr Gebiet zusteht, hat die Rechtsbeständigkeit
der in Rede stehenden Ehen stets anerkannt und verteidigt.

b) Dies finden wir auch wiederum bestätigt im Gebiete des deutschen Rechtes der merowingischen und
karolingischen Zeit. Hier hatte freilich die Kirche nicht
für die Anerkennung des Grundsatzes, dass die Geschlechtsverbindungen der Unfreien wahre Ehen seien, dem weltlichen Rechte gegenüber einzutreten, wie solches im Gebiete des römischen Rechtes der Fall war. Denn bei den
Germanen galten ja, wie wir oben gezeigt haben, die
Sklavenverbindungen als echte Ehen (matrimonia, coniugia).
Dieselbe Anschauung vertrat auch das germanische Kirchenrecht, wie aus allen kirchlichen Rechtsquellen hervorgeht.
Denn diese reden stets nur von einem *coniugium* der Sklaven [2]), und der 19. Kanon des Konzils von Vermery, der

---

1) **Freisen** sagt a. a. O. S. 292: „Gemäss Rufinus scheint
sogar nach dem weltlichen Recht in jener Zeit [12. Jahrhundert]
die Ebenbürtigkeit zur Giltigkeit der Ehe gefordert zu sein: in
hoc ergo discrepant ius divinum et ius humanum. Item in hoc,
quod humanum loquens de coniugio dicit nobilem cum filia
tabernarii matrimonium contrahere non posse. Für das kirchliche Recht wird jedoch solches Erfordernis von Rufinus geleugnet."

2) So das in die Merowingerzeit fallende 4. Konzil von
Orleans (ao. 541), bei **Bruns**, canon. Apost. et concil. II. 205.
Auch kommt dieser Ausdruck neben matrimonium in den kirchlichen Gesetzen und Urkunden von Anfang an zur Bezeichnung
der Sklavenehen vor.

gleich den übrigen von dieser Synode erlassenen Beschlüssen von Pippin zu Staatsgesetzen erhoben wurde, · macht es den durch Verkauf getrennten unfreien Eheleuten zur Pflicht, die Eingehung einer neuen Verbindung gänzlich zu unterlassen [1]), hat also hiernach die unter Sklaven einmal geschlossene Verbindung als sakramentale und dem Bande nach unlösliche Ehe ebenso betrachtet wie die Verbindung zwischen freien Personen und unfreien Leuten [2]), wenn auch hierbei das individuum vitae consortium wegen der Abhängigkeit des Sklaven von seinem Herrn immerhin prekärer Art war. Denn das Eigentumsrecht des dominus an seinem Unfreien gab jenem die Befugnis, letzteren jederzeit zu verkaufen und so die eheliche Lebensgemeinschaft aufzuheben (siehe oben Seite 14 f.), und sicherlich haben die Herren von dieser Befugnis Gebrauch gemacht. Das ergiebt sich aus dem bereits angeführten 19. Kanon der Synode von Vermery, der ja von den durch Verkauf getrennten unfreien Eheleuten handelt. Allein die Kirche kam hier den Sklaven zu Hülfe. Denn aus jenem Kanon erhellt zugleich auch, dass dieselbe wie die Untrennbarkeit des ehelichen Bandes so auch die Unauflöslichkeit der Lebensgemeinschaft der unfreien Eheleute gegenüber den Anschauungen der Herren ausdrücklich gelehrt und betont hat. Insbesondere lassen die Worte: si eos reiungere non possumus die auf den Schutz der Sklavenehe gegen Trennung durch Einzelverkauf der Ehegatten gerichtete eifrige Liebesthätigkeit der Kirche in hellstem Lichte erkennen. Ein die Trennung verheirateter Sklaven direkt verbietendes kirchliches Gesetz erschien freilich erst ziem-

---

1) Si servus aut ancilla per venditionis causam separati fuerint, praedicandi sunt ut sic maneant, si eos reiungere non possumus (L. L. II [ed. Boret.]· pag. 41); vgl. hierzu noch K o e h n e, a. a. O. Seite 9 und 26 fg.

2) c. 8 Concilii apud Vermeriam = c. 5 C. XXIX. qu. 2: si femina ingenua acceperit servum sciens, quod servus esset, habeat eum, quia omnes unum patrem habemus in celis. Una lex erit viro et feminae.

lich spät: Die Synode von Châlons ao. 813 bestimmte in ihrem 30. Kanon, ut coniugia servorum non dirimantur, etiam si diversos dominos habeant, sed in uno coniugio permanentes dominis suis serviant [1]). Dieser Satz des fränkischen Kirchenrechtes hat aber in das weltliche Recht des Frankenreiches keinen Eingang gefunden; nur für die Lombardei ist eine dem angeführten Kanon der Synode von Châlons verwandte Bestimmung erlassen worden, welche wohl von Karl d. Gr. stammt und dem Jahre 813 angehört [2]). Dass das weltliche Recht jener Zeit dem erwähnten Synodalbeschlusse bezüglich der Sklavenehen sehr abhold war, hat seinen Grund darin, dass vom Standpunkte des ersteren aus jenes kirchliche Gesetz notwendig als ein bisher unerhörter Eingriff in das vom Volksrechte verbriefte Eigentumsrecht des Herrn an seinem Sklaven erscheinen musste. Daher wird man auch nicht G f r ö r e r zustimmen können, wenn dieser in seinem mehrgenannten Werke (II. Band Seite 73) behauptet: „Die paar Worte coniugia servorum ne dirimantur haben dem Sklavenhandel im Grossen einen tötlichen Streich versetzt." Wir wollen gewiss nicht leugnen, dass der oben angeführte Beschluss der Synode von Châlons seine beabsichtigte Wirkung nicht ganz verfehlt hat; wir haben auch (Seite 10 u. 15) betont, dass die ökonomischen Verhältnisse der Unfreien, welche auf dem Lande angesiedelt waren und Abgaben an den Herrnhof zu liefern hatten, diese vielfach vor Einzelverkauf schützten: aber das Eigentumsrecht des Herrn an seinem Unfreien stand einmal fest und hat sich trotz des christlichen Eherechtes im Einzelverkauf auch verheirateter Sklaven geltend gemacht. So finden wir denn noch die ganze Karolingerzeit und späterhin viel Sklavenhandel [3]).

---

1) c. 8 C. XXIX. qu. 2.

2) c. 5 Capit. Langob. (L. L. I [Pertz] 192). Vgl. hierzu K o e h n e, a. a. O. Seite 28.

3) K o e h n e sagt a. a. O. Seite 29: „Es lässt sich durchaus keine Bestimmung des weltlichen Rechtes im eigentlichen Fran-

2. Wenn nun der seitherigen Darstellung gemäss die Kirche innerhalb der römisch-griechischen und der germanischen Welt den hier bezüglich der Sklavenverbindungen geltenden Rechtsanschauungen gegenüber den ehelichen Charakter und die Unauflöslichkeit jener Verbindungen entschieden verfochten hat, so beobachtete sie dieses Verfahren in den älteren Zeiten doch nur unter gewissen Voraussetzungen, nämlich bloss dann, wenn bei der Sklavenehe der consensus domini vorlag. An sich hätte sie ja ihren bereits gezeichneten Anschauungen bezüglich der Ehefähigkeit der Unfreien gemäss die von diesen ohne Einwilligung der Herren geschlossenen Verbindungen als sakramentale Ehen betrachten können [1]). Allein sie rechnete auch stets mit dem Eigentumsrechte des Herrn an seinem Sklaven [2]), sie nahm die notwendige schonende Rücksicht auf die Rechtsanschauungen der Völker, mit denen sie in Berührung gekommen ist, und fügte sich im Interesse ihrer eigenen Wirksamkeit in dieselben, natürlich nur insoweit, als sie hierbei mit ihrem Wesen selbst nicht in Widerspruch trat [3]). So trug sie denn wenigstens in den älteren Zeiten auch kein Bedenken, in engem Anschlusse an das bürger-

---

kenreich nachweisen, durch welche die Herren in ihrem Verkaufsrecht bezüglich verheirateter Sklaven gehindert worden wären." Ueber den Sklavenhandel in späterer Zeit siehe Waitz, Deutsche Verfassungsgeschichte (2. Aufl. von Zeumer), Berlin 1893, Bd. V, Seite 207 fg.

1) Zhishmann, a. a. O. Seite 162, 163.

2) Auch rücksichtlich der Aufnahme von Sklaven in den Ordens- und Priesterstand legte die Kirche dem allgemein anerkannten Rechte des Herrn an seinen Unfreien gegenüber eine sehr loyale Haltung an den Tag; siehe hierüber Kröss, a. a. O. Seite 295.

3) Hergenroether im Archiv für kathol. Kirchenrecht, Bd. 10 (1863), Seite 329 bemerkt, dass die Christen der ersten drei Jahrhunderte sich wie der staatlichen Ordnung überhaupt, so auch den römischen Ehegesetzen gefügt hätten, wie dies auch die Apologeten betonten, aber nur insoweit, als sie ihren Religionsgrundsätzen nicht entgegen waren.

liche Recht den consensus domini als notwendige Voraussetzung für den Bestand der Sklavenehen zu erklären [1]).
Die Befugnis hierzu liegt aber in ihrem unbedingten Rechte
vorzuschreiben, unter welchen Bedingungen die Christen
zum Empfange des Ehesakramentes zugelassen werden sollten. Von der in Rede stehenden Anschauung der Kirche
legt Basilius d. Gr. (330—379) in seinen epistolae canonicae, welche für das kirchliche Recht jener Zeit eine
grosse praktische Bedeutung hatten, in scharfen Ausdrücken
Zeugnis ab: Matrimonia sine iis, qui potestatem habent,
fornicationes sunt. Neque ergo vivente patre neque hero,
qui conveniunt, extra reprehensionem sunt, quemadmodum
*si annuant cohabitationi, quos penes huius rei est arbi-
trium, tunc firmitatem coniugii accipit cohabitatio* [2]).

Im germanischen Kirchenrechte finden sich gleiche
Bestimmungen. Allerdings scheint hier, wie Gfrörer
(a. a. O. Seite 75) bemerkt, „bis gegen die Mitte des 6.
Jahrhunderts es gewöhnlich gewesen zu sein, dass der
Klerus Sklavenpaaren, die einander wider den Willen ihrer
Herren geheiratet hatten und deshalb von letzteren ver-

---

1) Vgl. hierzu Benedict XIV., de synodo dioecesana, lib.
IX. c. XI., num. 3: Utrasque civiles leges, tam videlicet, quae
servorum, quam quae filiorum familias solo contrahentium consensu inita matrimonia infringebant, quondam ratas habuit ecclesia. Hiernach hat die Kirche wie bei der Sklavenehe, so auch
bei der Ehe der Hauskinder als Bedingung für deren Rechtsbeständigkeit in Anlehnung an die weltliche Gesetzgebung die
Einwilligung der Gewalthaber gefordert; siehe darüber Freisen
a. a. O. Seite 307 fg. — Gonzalez Tellez, l. c. num. 7 betont
ausdrücklich, dass der Unfreie an sich recht wohl eine Ehe
auch ohne consensus domini eingehen könne. Darnach aber
bemerkt er, dass primis ecclesiae saeculis matrimonia celebrata
a servis invitis dominis ecclesiam irritasse. Cum enim domini
conquererentur, eo quod fraudarentur servorum ministeriis, ne
crederetur ecclesiam favere servis contra dominorum potestatem,
pro tunc aequum ecclesia existimavit, ut tantum cum dominorum voluntate matrimonium contraherent.

2) S. Basilii epist. 199 canon. 2 ad Amphiloch. (Bischof von
Iconium, † nach 394) can. 42; vgl. dazu eod. can. 40

folgt wurden, die Asyle der Kirchen öffnete und die Un-
glücklichen nicht eher zurück gab, bis die Herren das
feierliche Versprechen ablegten, dass sie an den Sklaven
weder Rache für ihre Flucht nehmen noch überhaupt die
eingegangene Ehe gewaltsam trennen würden" [1]. Allein
ein solches Verfahren musste notwendig bei den Sklaven-
besitzern den heftigsten Widerstand erfahren, weil dasselbe
die wohlbegründeten Rechte und Interessen der Herren
aufs Empfindlichste berührte. Auch stand sehr zu befürchten, dass die in einer von der Kirche als giltig anerkannten, aber ohne Genehmigung des Herrn geschlossenen
Ehe lebenden unfreien Eheleute später vom dominus getrennt werden würden zur Strafe für die Missachtung des
Herrenrechtes. Daher hielt es die Kirche für angezeigt,
auch ihrerseits das Mitwirkungsrecht der Herren bei Eingehung der Verbindungen ihrer Unfreien anzuerkennen und
letzteren bei Strafe der Ausschliessung aus der kirchlichen
Gemeinschaft den Abschluss von Ehen, bei welchen die
Einwilligung der Gewalthaber fehlte, mit der Wirkung zu
verbieten, dass die gleichwohl geschlossenen Verbindungen
als nicht bestehend angesehen und die angeblichen Eheleute getrennt werden sollten, wobei es jedoch den Ge-
walthabern frei gelassen war, späterhin das Paar zusammen
zu geben [2]. Solche Bestimmungen waren aber vor allem

---

1) Ein interessantes Beispiel hierfür liefert der Fall, welchen Gregor von Tours, historia Francorum lib. V. cap. 3
(in Monum. German. histor., Abteil. scriptores rerum Merowingi-
carum, Hannover 1885, Tom. I, pag. 193) berichtet.

2) Can. 24. Conc. Aurel. IV (ao. 541). Quaecunque mancipia sub specie coniugii ad ecclesiae septa confugerint, ut per
hoc credant posse fieri coniugium, minime eis licentia tribua-
tur, ut talis coniunctio a clericis defensetur, quia probatum est,
ut sine legitima traditione coniuncti pro religionis ordine statuto tempore ab ecclesiae communione suspendantur, ne in
sacris locis turpi concubitu misceantur. De qua re decernimus,
ut parentibus aut propriis dominis, prout ratio poscit persona-
rum, accepta fide excusati sub separationis promissione red-
dantur, postmodum tamen parentibus atque dominis libertate

dann am Platze, wenn die Sklaven verschiedenen Herren angehörten. Denn in diesen Fällen traten die Ansprüche der domini an ihre Unfreien sowie die materiellen Interessen derselben in heftigen Widerstreit und war daher der ausdrücklich oder stillschweigend erteilte consensus beider Herren behufs Aufrechterhaltung solcher Ehen unbedingt notwendig [1]). Lag derselbe nicht vor, so kam weder bürgerlich noch kirchlich unter Sklaven verschiedener Herren ein matrimonium legale vel legitimum zustande [2]). Diese Rechtsgrundsätze blieben bis ins 12. Jahrhundert aufrecht

---

concessa, si eos voluerint, propria voluntate coniungere (Bruns, l. c. II. 205).

1) J. H. Boehmer, ius ecclesiast. Protestantium, l. IV., tit. IX, § 4: Id modo, quod etiam rei domesticae conveniens erat, curabant [sc. Germani], ut inter se, qui essent servilis conditionis, et simul *in eadem familia*, domino subiecta, nuptias inirent. Non citra summum *rei domesticae* incommodum poterant iungi *diversarum familiarum* servi. — Non tantum enim metuenda erant incommoda ex *cohabitatione*, ob quam singuli dominis suis aeque promte operas praestare non poterant, sed etiam difficultates ingentes nascebantur *intuitu liberorum*, quod in dubium vocari posset, cuius in manu partus ancilla esset. Auch in dem von Gregor von Tours mitgeteilten Falle (siehe oben Seite 30, Anm. 1) bemerkt der fränkische Grosse gegenüber dem Priester, zu dessen Kirche das ohne den consensus domini geheiratete Sklavenpaar zum Schutz seiner Ehe geflohen war: numquam erunt a me separandi; sed potius ego faciam, ut in hac coniunctione permaneant; quia *quamquam mihi molestum fuerit, quod absque mei consilii coniventia ista sint gesta, illud tamen libens amplector, quod nec hic ancillam alterius, neque haec extranei servum acceperit.*

2) C. 21 des Kapitulare des Bischofs Ahyto von Basel (807 bis 823), L. L. I (Pertz) 441: Ubi vero mancipia non unius, sed diversae potestatis iuncta fuerint, nisi consentientibus utrisque dominis huiusmodi copulatio rata non erit. Quidquid vero negligendo sentitur et virtute, qua potuerit, non emendetur; nam huius copulae auctor erit, qui huic negligendo consentit. Vgl. dazu den oben S. 27 Note 1 angeführten 30. Kanon der Synode von Châlons, der die Ehe von Sklaven verschiedener Herren nur dann als eine legalis betrachtet, wenn der consensus beider domini vorlag.

erhalten. Papst Hadrian IV. (1154—1159) erklärte in einer Dekretale an Bischof Eberhart 1. von Salzburg (1147 bis 1164), dass die Sklavenehen in keiner Weise getrennt werden dürften, selbst wenn sie ohne Einwilligung der Herren geschlossen seien. Hiermit wurde anerkannt, dass auch eine sine consensu domini von Unfreien eingegangene Ehe kirchlich giltig sei [1].

Nach dem seither Gesagten ergiebt sich auch von selbst, dass kirchlicherseits für die Ehe zwischen Freien und Unfreien der consensus domini verlangt wurde [2]. Meist war, wie oben (Seite 16 Anm. 2) bemerkt worden ist, bei Verbindungen dieser Art der freie Teil die Frau, und musste hierbei notwendig eine Auseinandersetzung zwischen deren Muntwalt und dem Herrn des Unfreien erfolgen. Bei diesen Verhandlungen waren vorzugsweise die Geistlichen die Vermittler und diesen gelang es zumeist auch wohl, den Herrn zu bestimmen, dass er, und zwar in einer Urkunde, dem freien Eheteil sowie den Kindern die Freiheit zusicherte (er hätte diese ja nach dem weltlichen Rechte in seine Gewalt bringen können), während die Kirche ihrerseits darüber wachte, dass die Bestimmungen solcher Urkunden auch beobachtet wurden [3]. Auch

---

1) c. 1 X. de coniugio servorum (IV. 9): Si contradicentibus dominis et invitis [matrimonia inter servos] contracta fuerint, nulla ratione sunt propter hoc ecclesiastico iudicio dissolvenda; debita tamen et consueta servitia non minus debent propriis dominis exhiberi.

2) Can. 31 der Synode von Pistes (ao 864) in L. L. I (Pertz) 496 bestimmt, dass die Ehen, welche unfreie Flüchtlinge aus der Normandie ausserhalb der Heimat ohne Erlaubnis der Herren mit freien Personen geschlossen hatten, aufgelöst werden sollten. Vgl. hierzu Köhne, a. a. O. Seite 30.

3) Koehne, a. a. O. S. 17. Die bereits erwähnte 29. Formel bei Markulf lautet weiter: Omnibus non habetur incognitum, qualiter servo meo nomen illo voluntaria secuta es et accepisti maritum. Sed dum te ipsa et agnationem tuam in meo inclinare potueram servitio, sed propter nomen Domini et remissionem peccatorum meorum, propterea presente epistolam in te mihi complacuit conscribendam, ut, si aliqua procreatio filiorum

war es Praxis der Klöster, bei Ehen freier Personen mit
unfreien Leuten des Klosters ersteren und meist auch den
Kindern die Freiheit zu belassen [1]).

3) Wie die Kirche den vorstehenden Ausführungen
zufolge in den älteren Zeiten dem weltlichen Rechte bezüglich der Forderung des consensus domini als der not-
wendigen Bedingung der Sklavenehe enge sich anschloss,
so machte sie auch die aus dem nationalen Bewusstsein
der germanischen Völker hervorgegangenen Rechtsanschauungen bezüglich des trennenden Ehehindernisses des
error conditionis servilis, wie wir sie oben (Seite 17 fg.) dargelegt haben, zu den ihrigen.

So begegnet uns eine dem error conditionis servilis
ehehindernde Wirkung beilegende kirchliche Bestimmung
zuerst im germanischen Kirchenrechte, wo das in Rede
stehende Ehehinderniss vornehmlich seine Ausbildung gefunden hat. Das Konzil von Vermery (ao. 753) bestimmt
nämlich (can. 6): Si quis ingenuus homo ancillam uxorem
acceperit pro ingenua si ipsa femina postea fuerit inservita,
si eam a servitute redimere potest, faciat. Si redimi non
potest, si ita voluerit, liceat ei alienam accipere. Similiter
et mulier ingenua, si servum accipiat pro ingenuo, et postea pro qualicunque causa inservitus fuerit, — si voluerit, potest eum dimittere et, si se continere non potest,
alium ducere [2]). In Uebereinstimmung hiermit verordnet
der 7. Kanon des decretum Compendiense (ao. 757): Si
Francus homo acceperit mulierem et sperat, quod ingenua
sit, dimittat eam, si vult, et accipiat aliam. Similiter et
femina ingenua [3]). Dieselbe Entscheidung treffen die De-

---

aut filiarum inter vos horta fuerit, penitus nec nos nec heredis
nostri nec quislibet persona ullo umquam tempore in servitio
inclinare non debeamus, sed in integra ingenuitatis, tamquam
si ab utrisque parentibus ingenuis fuissent procreati, omni tempore vite sue permaneant.

1) Koehne, a. a. O. Seite 32 fg.
2) L. L. II (ed. Boret.) pag. 40.
3) L. L. II (ed. Boret.) pag. 38.

3

creta Tassilonis, welche die Synode von Dingolfing (ao. 772)
erliess, can. 10: De eo, quod si quis servus mulierem nobilem acceperit in coniugium, et non praescivit: ita con-
stituit, ut iterum libera esset, et dimittat servum, et postea non redigatur in servitium, sed esset libera [1]). Alle
diese kirchlichen Bestimmungen, welche zugleich auch im
Bereiche des weltlichen Rechtes in Kraft waren, geben
dem freien Teile das Recht, nach Erkenntnis seines Irrtums
die Ehe mit der unfreien Person aufzulösen, und bewahren
ihn dadurch vor der Verknechtung. Mit Recht bemerkt
G f r ö r e r zu dem erwähnten 6. Kanon der Synode von
Vermery [2]): „Da das salische Recht dem Herrn der Sklavin oder des Sklaven auch Gewalt über den Mann derselben oder das Weib desselben verlieh, so musste man dem
Teil, der frei blieb, im angegebenen Falle erstens die
Scheidung erlauben, weil die Verweigerung soviel gewesen
wäre, als die Knechtschaft über ihn verhängen. Man
musste ihm zweitens die Wiederverheiratung gestatten,
weil sich thatsächlich die Verhältnisse ganz anders heraus-
stellten, als sie im Eheversprechen angegeben worden.
Ein Freier hatte Eine, die er wirklich für frei hielt und
die sich als solche benahm, geehelicht oder umgekehrt.
Nachher zeigte es sich, dass der eine oder andere Teil
der Freiheit ermangelte. Hier waren nur zwei Fälle möglich: entweder hatte der eine Gatte gelogen oder es wal-
tete wenigstens ein sehr schwerer Irrtum ob. Dieser Irrtum
oder diese Lüge brach nach der Ansicht des Kapitulars
von Vermery den Ehebund, machte ihn null und nichtig
und gab dem getäuschten Gatten seine Freiheit zurück.“

---

1) M a n s i, sacror. concil. collectio XII, 852; L. L. III (Pertz)
pag. 461. Wie man sieht, gehören die angeführten Bestimmungen dem achten Jahrhundert an. Dass damals gerade die
fränkische Kirche mit unserem Gegenstande mehrfach sich beschäftigen musste, mag mit der in jene Zeit fallende Hebung
der sozialen Stellung der höheren Klasse der Unfreien zusam-
menhängen, weshalb Fälle, von denen hier die Rede ist, wohl
häufig vorkamen. (Vgl. K o e h n e, a. a. O. S. 30).
2) a. a. O. Seite 59, 60.

An sich lag gewiss für die Kirche kein Grund vor, den
error conditionis servilis zu berücksichtigen, da sie ja unseren
früheren Ausführungen gemäss in der Sklaverei als solcher
niemals ein trennendes Ehehindernis erblickt hat. Demnach
musste seitens der Kirche die Ehe eines Freien mit einer
unfreien Person an sich auch in dem Falle als gültig anerkannt werden, wo ein Irrtum des freien Teiles bezüglich
des unfreien Standes des Mitkontrahenten obwaltete; der
Irrtum war hier per se ohne Bedeutung. Allein die Kirche
rechnete wie überall so auch bei ihrem Wirken unter den
germanischen Völkern mit dem Thatsächlichen. Man darf
nicht glauben, dass dieselbe den Abstand, welcher nach
den allgemeinen, tief eingewurzelten nationalen Anschauungen gewaltiger Völkermassen zwischen Freien und Unfreien in sozialer wie rechtlicher Hinsicht bestand, nicht
zu würdigen gewusst hätte. Sie lebte ja mitten im Volke
und dabei konnte es ihr nicht entgehen, wie sehr die Völker ihres Wirkungskreises, insbesondere die germanischen,
standeswidrige Ehen verabscheuten. Wenn sie selbst in
diesem Punkte auch anders dachte und die von freien
Personen mit unfreien Leuten f r e i w i l l i g geschlossenen
Verbindungen für sakramentale Ehen ansah, ohne die aus
denselben für erstere sich ergebenden Nachteile weiter zu
beachten, da ja die pars libera ihre Lage kannte und dieselbe aus freien Stücken auf sich nahm, so lagen die Verhältnisse wesentlich anders in den Fällen, wo bei den in
Rede stehenden Ehen ein error conditionis servilis obgewaltet
hatte. Hier hatte der freie Teil keine Kenntnis vom wahren Sachverhalte und ihm stand die Vermutung zur Seite,
dass er dem Volksbewusstsein gemäss eine Ehe mit einer
der Gewalt eines anderen unterworfenen und mit der macula servilis gezeichneten Person nicht würde eingegangen
haben, wenn er die Sachlage gekannt hätte, und zwar um-
soweniger, als ihm aus einer solchen Ehe die Verknechtung drohte (siehe oben Seite 16). Denselben Stand-
punkt hat die Kirche billiger Weise in der Erwägung ein-
genommen, dass die nota servilis conditionis oder die ma-

cula servilis, welche auch die späteren kirchenrechtlichen
Quellen besonders betonen [1]), für eine freie Person Grund
genug war, eine Ehe mit einem Sklaven zu verabscheuen,
insbesondere aber dann, wenn sie aus solcher Verbindung
noch schwere Rechtsnachteile zu gewärtigen hatte, wie
dies bei den germanischen Völkern zu der Zeit der Fall
war, wo das impedimentum erroris conditionis servilis von
der Kirche festgesetzt wurde. Daher erklärte diese denn
auch die Ehen, bei denen ein solcher error vorlag, für
nichtig und überliess es dem freien Teile nach Erkenntnis
seines Irrtumes nunmehr eine Ehe mit der unfreien Person
zu schliessen. Würde die Kirche im Gegensatze zum weltlichen Rechte Gültigkeit der Ehen im vorliegenden Falle
angenommen haben, — was ja an sich ihr möglich gewesen wäre — so hätte sie hierdurch unmittelbar bewirkt,
dass der freie Teil der Strenge und Härte des bürgerlichen
Gesetzes, das ja den Verbindungen zwischen Freien und
Sklaven den Verlust der Freiheit folgen liess, anheimge-
fallen wäre. Es stand aber andererseits, wenn die Kirche
wirklich jene Ansicht durchgeführt hätte, sehr zu befürchten, dass der freie Teil alsdann, seinem und des Volkes
Gefühle nachgebend und dem weltlichen Gesetze folgend,
die Ehe aufgelöst und so mit seiner Kirche in schroffen
Gegensatz getreten wäre. Da hielt es doch die Kirche,
welche bei all ihrem Wirken als obersten Grundsatz stets
die salus animarum vor Augen hat und in deren Interesse
sich auch in die jeweiligen Verhältnisse fügt, für geraten,
in Uebereinstimmung mit der Anschauung des Volkes dem
error conditionis servilis auch für ihr Forum ehehindernde
Wirkung beizulegen, wozu sie ja die unbedingte Macht
hatte. Die vorgetragenen Ansichten liegen meines Erachtens den oben mitgeteilten Gesetzesstellen zu Grunde. Denn
diese, zugleich der Sphäre des weltlichen Rechtes angehörend, gehen offenbar von dem Gedanken aus, dass der
freie Teil zu der Ehe mit dem anderen lediglich deshalb

---

1) c. 6 C. XXIX. qu. 2 und c. 2 X. de coni. serv. (IV. 9).

bestimmt worden sei, weil er letzteren als ebenbürtig, als
mit der Eigenschaft der Ingenuität ausgestattet erachtet
habe. Da aber seine Voraussetzungen nicht eingetroffen
waren, so darf er die Ehe auflösen. Der oben angeführte
10. Kanon der Synode von Dingolfing spricht offensicht-
lich die Nichtigkeit der von einer mulier nobilis mit einem
Sklaven irrtümlich eingegangenen Ehe in der Absicht aus,
der Frau, für welche die Vermutung stritt, dass sie eine un-
ebenbürtige Ehe nicht wolle, die Möglichkeit zu geben, der Verknechtung durch Aufhebung der Gemeinschaft zu entgehen[1]).

Nach den vorstehenden Ausführungen glaube ich die
Ansicht ablehnen zu müssen, nach welcher die Quelle des
Ehehindernisses des error cond. serv. nicht lediglich in
der Anlehnung der Kirche an nationale Anschauungen,
sondern im Wesen der Ehe selbst zu suchen sei.

Diese Ansicht geht nämlich davon aus, dass der
Sklave aus sich das nicht bieten könne, was notwendiger
Inhalt der Ehe sei, nämlich das individuum vitae consortium, welches insbesondere auch die unbedingte Möglichkeit
zur Vollziehung der copula in sich schliesst[2]). Der Unfreie sei eben abhängig vom Willen des Herrn. Wenn
daher der freie Teil diesen Zustand kenne, also sich in

----

1) Siehe noch Stahl l. c. pag. 7. Die Kirche hat das Ehehindernis eingeführt, ne principiorum severitate et rigore effi-
ceret, ut ingenui homines errore et ipsi inciderent in servitutem
[l. Salica tit. 22, § 3] et liberae familiae progenie macularentur
servili. Quae disciplinae clementia a nationali concil. Verm.
primum adhibita postea a Romanis pontificibus est servata
(siehe hierüber unten Seite 42 f.).

2) Sanchez, de matrimonii sacramento, lib. VII. disput.
XIX. num. 2 führt diese Ansicht, welche er selbst aber nicht
teilt, in folgenden Worten an: Rationem autem cur hoc impedimentum dirimens [i. e. erroris cond. serv.] inductum sit, tra-
dunt [die von ihm citierten Autoren], quod is error valde bonis
matrimonii adversetur: bono sacramenti et individuae cohabitationi: cum servus debeat in domo domini habitare ab eoque
possit mitti in partes remotas ibi vendendus: bono fidei, quia
non potest ad libitum reddere debitum, sed cum ea vacaverit
satisfeceritque obsequiis, in quibus a domino occupatur: bono

denselben füge und somit seinen Anspruch auf die individua vitae consuetudo freiwillig fallen liesse, so käme eben
wegen dieses Willens eine Ehe in solchem Falle zustande.
Wenn dagegen die freie Person im Irrtum über den unfreien Stand ihres Mitkontrahenten sich befinde, so müsse
man annehmen, dass sie einen zur Gewährung der aus-
schliesslichen Gemeinschaftlichkeit der körperlichen Ver-
einigung unfähigen Gatten nicht haben wolle, dass demnach der Consens des Freien in eine derartige Verbindung
von vornherein ausgeschlossen sei, also eine Ehe nicht vorliege. Es beruhe daher auch das impedimentum erroris
conditionis servilis auf dem ius naturale, nicht lediglich
auf positiver Bestimmung der Kirche [1]).

Diese Ansicht, welche namentlich in den älteren ka-
nonistischen Werken vorgetragen, aber von den meisten
Autoren als unrichtig zurückgewiesen wird [2]), erhält ihre
Widerlegung durch folgende Momente:

1) Wenn die Kirche in Wirklichkeit von der An-

---

prolis, quia nequibit eam alere, cum omnia domino acquirat
nec erit in parentis potestate, ut religiose educetur. Diese Ansicht teilt Reiffenstuel, ius canonicum universum (Antwerp.
1755), Tom. IV zu tit. IX, X. de coniug. serv. (IV. 9) num. 3. Sie
ist auch vertreten bei Schulte, Handbuch des kathol. Eherechts
(Giessen 1855), Seite 116 fg., auch bei Rosshirt, Kanonisches
Recht II, 712.

1) Sanchez l. c. wirft num. 15 die Frage auf: an error
servitutis ita obstet, ut iure naturali reddat irritum matrimonium initum cum libero sic erranti? Die Frage wird hier be-
jaht, weil der error cond. serv. geradezu der Natur des Ehesakramentes widerstreite. Die Gründe für diese Behauptung
sind dieselben, wie wir sie oben im Texte angeführt haben.
Freilich widerlegt Sanchez in der folgenden num. 16 diese
Gründe aufs Bündigste (siehe den nachstehenden Text).

2) Hierher gehören u. a. A. Huth S. J., professor Heidel-
bergensis, casus iuridico-canonici de sponsalibus et matrimonio
in omnes titulos libri IV. decretalium Gregorii IX [Fuldae 1752],
ad tit. IX. de coniug. servor. (IV. 9), pag. 387 sq. — E. Pirhing,
ius canonicum [Dillingen 1678], Tom. IV. ad tit. IX, X. de coniug. serv. (IV. 9), pag. 103 (num. 7 u. 8). — Schmalzgrueber
S. J. ius ecclesiasticum universale (Ingolst. 1726) zu tit. IX, X.

schauung ausgegangen wäre, dass der Sklave wegen seiner Abhängigkeit vom Willen seines Herrn das nicht gewähren könne, was notwendiger Inhalt der Ehe sei, nämlich die individua vitae consuetudo, und somit auch der unbedingten Pflicht zur Leistung des debitum coniugale nicht nachzukommen vermöge, so konnte sie folgerichtig Unfreie überhaupt nicht zum Ehesakramente zulassen, mochte nun der unfreie Stand des einen Teiles dem anderen bekannt sein oder nicht. Ja sie hätte dann auch nicht zugeben können, dass der freie Teil, der wissentlich eine Ehe mit einem Unfreien einging, seinen rechtlichen Anspruch auf das omnis vitae consortium fallen liess. Denn da dieses ja ein notwendiges Erfordernis der Ehe war, so konnte die freie Person hierauf überhaupt nicht verzichten, ohne dadurch auch die Ehe selbst zu zerstören. Allerdings war der Unfreie verbunden, dem Herrn die schuldigen Dienste zu leisten; aber deshalb konnte er doch das bieten, was die Ehe von ihm forderte. Denn matrimonium optime stat cum servitute non excludente servitia et obsequia dominis suis debita atque essentialiter cum servitute ipsa connexa[1]). Das beweist auch der oben (Seite 27) mitgeteilte 30. Kanon der Synode von Châlons, wo die verschiedenen Herren angehörenden unfreien Eheleute verpflichtet werden, ihren domini die schuldigen Dienste zu leisten. Es widerstreiten also diese Verhältnisse nicht der Natur der Ehe. Auch hat die Kirche, wie wir dies in Amerika sehen, es den

---

de coniug. serv. (IV. 9) num. 25 u. 26. — Andreae Vallensis Paratitla (Lovanii 1682), ad lib. IV. decretal. tit. IX. de coniug. serv., pag. 460, num. 3. Diese Autoren tragen erst die Ansicht vor, dass der error cond. serv. auf dem ius naturale beruhe, um darnach dieselbe mit den Gründen zu widerlegen, welche Sanchez und oben unser Text bringt.

1) Dies betont Carolus Franciscus a Breno (Ord. Minor. strictioris observantiae) in seinem von Benedict XIV. rühmend erwähnten Werke: manuale missionariorum orientalium, in quo casus morales praecipue ad manus eorundem missionariorum apostolicorum pertinentes resolvuntur [Venetiis 1726] Tom. II, lib. III, cap. V, num. 16.

Herren zur Pflicht gemacht, die Sklaven nicht so sehr in
Anspruch zu nehmen, dass hierunter das eheliche Leben
Not litt; und was sie in der alten Zeit that, um die Lebensgemeinschaft der unfreien Eheleute zu schützen, haben
wir bereits gesehen (siehe oben Seite 26 fg.).

In Uebereinstimmung mit uns führt Sanchez zur Begründung seiner Ansicht, dass der error cond. serv. *solo
iure ecclesiastico* Nichtigkeit der Ehe bewirke (l. c. num.
16), gegen die vorbezeichnete Ansicht aus. Servitus non
impedit absolute et simpliciter usum matrimonii liberum,
sed tantum certis temporibus, nimirum quando iuste et
rationi consentanee occupat dominus servum. At hoc non
adversatur substantiae matrimonii, quae contenta est abso-
luta potestatis corporis traditione et obligatione ad redden-
dum debitum, quando legitimum impedimentum non obti-
nuerit. Et confirm. quia si id impedimentum traditionis
potestatis plene corporis, quod in servitute reperitur, ob-
staret essentiae matrimonii: *cum idem inveniatur in servitute cognita, haec quoque dirimeret iure naturae matrimonium: quod est contra ecclesiae decretum* (ut probavi
num. 13). Nec obstat evasio, si dicas conscium servitutis
et adhuc volentem inire matrimonium cedere iure suo.
*Quia cum requisita ad matrimonii valorem non possint
ex contrahentium voluntate immutari, sed semper stabi-
lia sint, non prodest in hoc cedere iure suo.* Sicut quia
naturalis impotentia ad copulam est iuris naturalis impedimentum ad matrimonium, non prodest eam cognitam fuisse
ab altero contrahente, ut matrimonium subsistat [1]).

---

1) Vgl. noch hierzu H. J. Feije, de impedimentis et dis-
pensationibus matrimonialibus (ed. 2), Lovanii 1874, pag. 78,
num. 121: Si ipsis hisce bonis [scil. substantialibus matrimonii]
adversaretur conditio servilis, irritum etiam foret coniugium
scienter contractum a persona libera cum serva vel, sive scienter sive ignoranter, inter servum et servam; huiusmodi tamen
coniugia certe valida sunt; ferner Gasparri, Tractatus cano-
nicus de matrimonio, Paris 1891, Volum. I, pag. 440, num. 639.
Walter, Kirchenrecht (14. Aufl.) § 305 b. II, Seite 676, Anm. 12
und die Note 2, Seite 38 angeführten Autoren, auch Freisen,
a. a. O. S. 305.

2) Trotz des Irrtums des freien Teiles liegt auf dessen Seite doch ein wahrer Konsens in die Ehe mit der unfreien Person vor (was die uns entgegengesetzte Ansicht leugnet). Hierwegen beziehe ich mich auf Sanchez, welcher l. c. num. 16 ausführt: Quamvis intercedente eo errore [scil. condit. serv.] inveniatur in matrimonio aliquid involuntarii, in quantum si quis conditionem servilem praesciret, non contraheret: *at contractus est simpliciter voluntarius: cum simpliciter in hanc personam consentiat. Erit igitur verus contractus attento solo naturae iure* [1]). Die eheschliessende Wirkung dieses wahren Kontraktes konnte aber nur durch eine positive Bestimmung der Kirche als der gesetzgebenden Gewalt in Ehesachen aufgehoben werden [2]).

Aus vorstehenden Ausführungen geht zur Genüge hervor, dass die Quelle des Ehehindernisses des error conditionis servilis nicht im ius naturae, sondern lediglich in den ausdrücklichen Bestimmungen der Kirche zu suchen ist, wie solche nach unserer obigen Darstellung in Anlehnung an nationale Anschauungen und in Uebereinstimmung mit der weltlichen Gesetzgebung erflossen sind [3]).

---

1) Näheres zur Begründung dieses Punktes siehe unten Seite 116 fg. Vgl. auch noch Schmalzgrueber, l. c. num. 28, Feije l. c. num. 121: Impedimentum conditionis servilis non potest repeti a defectu veri consensus; consensus enim vere existit, quare huius defectui aliqui nimis insistunt.

2) Siehe Feije l. c. num. 122: Hoc impedimentum ortum est a positiva voluntate legislatoris volentis errorem hunc (licet qualitatis) esse impedimentum dirimens matrimonii; non divini autem, sed humani, et ecclesiastici quidem iuris impedimentum est. Quamquam enim in iure romano iam viguisse docetur, a solo tamen ecclesia impedimentum agnoscente vim dirimendi potuit obtinere et obtinuit.

3) Hiermit erledigt sich auch die in älteren kanonistischen Werken bisweilen aufgestellte Behauptung: in toto iure non reperitur textus irritans matrimonium cum impedimento conditionis contractum, consequenter supponit illud iure naturae iam esse irritum, defectu nempe consensus, cuius defectu matrimonium irritum esse de iure naturae nemo negat, bei Huth, l. c. pag. 388, der aber pag. 389 jene Behauptung als falsch zurückweist. Ueber eine dritte (gleichfalls) unrichtige Ansicht, dass

Diese dem error conditionis servilis ehehindernde Wirkung beimessenden Bestimmungen der fränkischen Kirche sind in die kirchenrechtlichen Sammlungen der nachfolgenden Zeit übergegangen: so wird der oben mitgeteilte 6. Kanon der Synode von Vermery aufgeführt von Regino in seiner für den praktischen Gebrauch (ao. 906) veranstalteten Sammlung des kirchlichen Rechtes[1]), ferner von Burchard von Worms[2]) und Ivo von Chartres[3]).

Gratian bringt denselben Synodalbeschluss in folgender Fassung: Si quis ingenuus homo ancillam uxorem alterius acceperit et existimat, quod ingenua sit, si ipsa femina fuerit postea in servitute detecta, si eam a servitute redimere potest, faciat; si non potest, si voluerit, aliam accipiat. — Similiter et mulier ingenua de servo alterius facere debet[4]).

Die nachgratianische Zeit bringt zwei Aeusserungen der obersten Gesetzgeber der Kirche, durch welche der error condit. serv. als trennendes Ehebindernis allgemein erklärt worden ist. Eine diesbezügliche Entscheidung traf Papst Alexander III. (1159—1181). Er bestimmte in einer Dekretale, dass eine Frau, welcher ihr Mann die nota servilis vorgehalten habe (asserens esse ancillam, quam liberam esse credebat, quum eam duxit in uxorem), falls diese Behauptung als wahr

---

der error cond. serv. dem error circa personam gleichstehe und so iure naturae die Ehe hindere, siehe unten Seite 112 fg.

1) Regino, de synod. causis et discipl. eccles. (ed. Wasserschleben, Leipz. 1840), l. II, c. 118.

2) IX, 26 (Die Sammlung entstand 1012—1023), bei Migne, Patrol. S. II, Tom. 140, pag. 819.

3) decret. VIII 164, bei Migne, Patrol. Tom. 161, pag. 619; panorm. VI, 41. 111, bei Migne, eod. pag. 1252. 1274.

4) c. 4 C. XXIX. qu. 2. Gratians Meinung, dass der servus, si nescitur esse servilis conditionis, libere potest dimitti hat etwas mehr Geltung als die einer blossen Privatautorität, da sie sich eben auf Konzilbeschlüsse und die kirchliche Praxis seiner Zeit stützt. Mit Recht sagt Stahl l. c. pag. 1: Secundum veterem disciplinam catholicam error, si ad (personam vel) conditionem [scil. servilem] spectat, matrimonium tollit. — Cuius disciplinae *interpres* potius est, quam auctor Gratianus.

erfunden würde, entlassen werden dürfe, wenn nicht erwiesen wäre, dass der Mann praefatam mulierem, postquam illam audivit esse ancillam, carnaliter cognovit [1]). In gleichem Sinne erklärte eine Dekretale des Papstes Innocenz III. (1198 — 1216) aus dem Jahre 1200 die Nichtigkeit der von einer freien Person mit einer unfreien ignoranter eingegangenen Verbindung [2]).

Mit diesen von der höchsten gesetzgebenden Gewalt der Kirche erlassenen Bestimmungen war das impedimentum erroris conditionis servilis in das gemeine Kirchenrecht eingeführt.

Wie übrigens aus der zuerst angeführten Dekretale unzweifelhaft hervorgeht, war der entscheidende Grund, aus welchem der freie Mann die Erlaubnis zur Auflösung der Ehe nachsuchte und auch vom apostolischen Stuhle erhielt, die nota servilis, und dass die Unfreiheit des einen Teiles die Möglichkeit der Vollziehung der copula keineswegs aufhob, erhellt aus der Dekretale nicht minder klar.

Zum Schlusse möge noch darauf hingewiesen werden, dass bis auf Papst Hadrian IV. bei den Fällen, wo eine freie Person mit einem Sklaven unter Irrtum über deren unfreien Stand eine Verbindung geschlossen hatte, leicht zwei trennende Ehehindernisse zusammentreffen konnten: nämlich der Mangel des consensus domini und der error conditionis servilis, gerade wie dies auch im weltlichen deutschen Rechte statt haben konnte, worüber oben Seite 19 fg. das Nähere gesagt ist. Dort aber ist auch gezeigt worden, dass unter jenen Fällen sehr wohl solche waren, wo dem sich für frei ausgebenden Sklaven die Erlaubnis des dominus zum Heiraten zur Seite stand, wo aber gleichwohl eben wegen des Irrtums besagter Art Nichtigkeit der Ehe eintrat. Seit Hadrian IV. freilich war der consensus domini in Ansehung der Ehen mit Sklaven ohne Belang (siehe Seite 32). Diese war auch ohne jenen consensus gültig, falls eben dabei kein error serv. cond. obwaltete.

---

1) Cap. 2 X. de coniug. servor. (IV. 9).   2) Cap. 4 eod. (IV. 9).

§ 4.

2) Das Recht der orientalischen Kirche bezüglich der Sklavenehen.

1. Die orientalische Kirche, welche sich namentlich seit ihrer Lostrennung von Altrom mit fast völliger Preisgebung ihrer eigenen Selbständigkeit vor der Staatsallmacht des byzantinischen Kaisertums beugte, nahm keinen Anstand, die in foro ecclesiastico hohe Gewalt des Staatsoberhauptes wie in Ansehung der dem religiösen Gebiete angehörenden Angelegenheiten überhaupt (mit alleiniger Ausnahme der liturgischen Verrichtungen), so auch hinsichtlich der Ehegesetzgebung anzuerkennen. Bezüglich der letzteren hat der Kaiser eine weitgehende Machtbefugnis besessen, und bei der rechtlichen Normierung der hier in Frage kommenden Angelegenheiten hat der Geist und die Anschauungsweise des im Oriente geltenden römischen Civilrechtes einen starken Einfluss ausgeübt[1]). Das zeigt sich bei der Behandlung der Geschlechtsverbindungen der Unfreien. Hinsichtlich dieser galten im Oriente einfach die oben Seite 5 fg. gezeichneten Grundsätze des bürgerlichen Rechtes. Der Sklave, des bürgerlichen Rechtsverkehres unfähig, konnte eine legale Ehe, welche ja als Rechtsverhältnis im eminenten Sinne galt, nicht begründen und der Kirche, deren Macht eben nur auf das Gewissen, nicht aber auf die Rechtsverhältnisse im äusseren Forum wirkte, blieb hier nichts anderes übrig, als die Sklavenverbindungen wenigstens in moralischer Beziehung denjenigen der Freien gleichzustellen, vorausgesetzt, dass dabei der consensus domini vorlag. Diesen hat das orientalische Kirchenrecht stets als notwendige Bedingung der Sklavenehe gefordert und es hat diese Forderung nie aufgegeben, wie die massgebenden kirchlichen Rechtsquellen bezeugen[2]), während die römische Kirche, welche ja auch

---

1) Siehe zum Gesagten Hergenröther, a. a. O. S. 325—335.

3) Siehe die diesbezüglichen Bestimmungen in dem bis heute noch für das Recht der griechischen Kirche hochbedeut-

anfangs die Einwilligung des Herrn in die Ehe seines
Sklaven verlangt hatte, seit dem 12. Jahrhunderte hiervon absah (siehe oben Seite 32).

Da nach dem Gesagten die kaiserliche Gesetzgebung
im Oriente unter dem Einflusse nationaler Anschauungen
den Sklaven für unfähig zur Eingehung einer echten Ehe
hielt, so hielt es die Kirche dortselbst auch für angezeigt,
den Verbindungen der Unfreien die kirchliche Einsegnung
umso mehr zu versagen, als die Ansicht allgemein bestand,
dass jene Einsegnung das Verhältnis des Sklaven zu seinem Herrn löse und es daher natürlich war, dass die domini der etwaigen kirchlichen Benediktion der Sklavenehen sich aufs Heftigste widersetzen mussten. Ja mit
Rücksicht hierauf verweigerte die Kirche den Sklavenverbindungen die Einsegnung auch da noch, als Kaiser Leo VI.
der Weise (886—912) durch Novelle 100 die von Sklaven
u n t e r e i n a n d e r geschlossenen Ehen für giltig erklärte.
Erst der Kaiser Alexius I. schuf ao. 1095 eine Aende-
rung des weltlichen und kirchlichen Rechtes durch die

samen Nomokanon des Photius (entstanden ao. 883): Phot. No-
moc. XIII 9 [in Voell. et Just. bibl. iur. can. vet. p. 1111]: De
his, quae praeter voluntatem parentum aut dominorum nubunt:
Basil. can. 38. 40. 42 [epist. 199, can. 2 ad Amphil., s. oben Seite
29]. Ebenda beruft sich Photius auch auf das bürgerliche Gesetz: Qui quaeve in alterius [i. e. parentum aut dominorum]
potestate sunt, non possunt legitime matrimonium contrahere
non consentiente eo, qui illum in potestate habet: ut lib. V,
Cod. tit. IV [= l. 2 Cod. de nupt. (5, 4)] et lib. XXIII, tit. II [l.
2 D. de ritu nupt. (23, 2)]; vgl. dazu die Bestimmungen der
noch in diesem Jahrhundert geltenden Hexabiblos des Constantin Harmenopulos (ed. Heimbach, Leipz. 1851), pag. 487 (IV,
4, 3): οὐ γίνεται γάμος, εἰ μὴ συναινέσουσιν οἱ συναπτόμενοι καὶ οἱ ἔχον-
τες αὐτοὺς ὑπεξουσίους (l. 2 D. de ritu nupt. 23, 2; Basil. XXVIII,
4, 2. Die Hexabiblos stützt sich also auf die Digesten, bezw.
die Basiliken). Harmenopulos sagt auch in seiner epitome ss.
canonum zu can. 42 Basilii: Nuptiae contractae citra consensum eorum, qui quos habent in potestate, scortationes sunt.
Quare nec patre vivo nec domino sic convenientes culpa carent
(bei Leunclavius, ius Graeco-Romanum (Frankf. 1596) sectio V,
tit. III, Tom. I, p. 54).

Bestimmung, dass die von Sklaven u n t e r e i n a n d e r eingegangenen Verbindungen kirchlich ebenso eingesegnet
werden sollten, wie die ehelichen Verbindungen freier
Personen [1]).

2. Was dagegen die Ehen zwischen freien Personen
und fremden unfreien Leuten anlangt [2]), so waren und
blieben dieselben wegen der Ungleichheit des Standes
(ἡ τῆς τύχης ἀνισότης) im Rechte des Orientes schlechthin
unmöglich. Hierwegen verweise ich auf die Seite 8 angeführten gesetzlichen Bestimmungen, sowie auf die oben
citierte Novelle 100 des Kaisers Leo VI. des Weisen.
Nach letzterer soll bei Verbindungen zwischen Freien und
Sklaven die freie Person entweder der Sklaverei verfallen
oder die unfreie losgekauft werden [3]). Auch bewirkte nach
weltlichem wie kirchlichem Rechte die nachfolgende Sklaverei eben wegen der durch sie herbeigeführten Ungleichheit des Standes Trennung der Ehe, und wenn die 33.
Novelle Leos des Weisen diesen Grundsatz aufgab, so geschah dies lediglich aus dem Grunde, weil die Gefangenschaft, welche den unfreien Stand des fraglichen Ehegatten herbeigeführt hätte, jederzeit durch Rückkehr desselben aufhören und so auch die Ungleichheit des Standes
in jedem Augenblicke gehoben werden könne [4]).

Die späteren kirchlichen Rechtsquellen enthalten noch
das Verbot der Ehe zwischen Freien und Sklaven. Leunclavius nämlich, dessen Sammlung kirchenrechtlicher Stoffe
in der orientalischen Kirche in Gebrauch war [5]), teilt im

---

1) Zhishman, a. a. O. Seite 638 fg.

2) Wegen der Ehe des Herrn mit seiner eigenen Sklavin
siehe oben Seite 8.

3) Langer, Sklaverei in Europa während der letzten Jahrhunderte des Mittelalters (Beilage zu dem Programm des Gymnasiums zu Bautzen, Ostern 1891), Seite 11. Hier wird auch
bemerkt, dass noch in diesem Jahrhundert das Walachische und
das Moldauische Gesetzbuch die Ehe zwischen Freien und Sklaven verboten habe.

4) Zhishman, a. a. O. S. 767 fg.

5) Darüber siehe Walter, a. a. O. S. 173, § 80.

5. Buche neben einer Anzahl anderer Entscheidungen die responsa Johannis episc. Citri ad Constant. Cabasilam Dyrrhachii archiepiscop. mit, deren eine unter Berufung auf die weltlichen Gesetze lautet: Servos autem fieri iubent liberos, qui servilibus personis sunt coniuncti, cum persona libertate ornata non potest solutionem spondere pretii, quo subiecta servituti pars ab ea in libertatem absolvatur [1]). Diese responsa sind noch ein Bestandteil der Kormcaia Kniga [Steuerbuch], welche das corpus iuris canonici der orientalisch-slavischen Kirche bildet [2]).

3. Da nach dem Gesagten die Ehen zwischen Freien und Unfreien im weltlichen wie kirchlichen Rechte des Orientes an sich unmöglich waren, so erhellt hieraus von selbst, dass der error conditionis servilis, welcher etwa bei solchen Ehen unterlaufen wäre, nicht erst die Verbindung nichtig macht; vielmehr würde ein derartiger Irrtum völlig unerheblich sein. Mit Recht sagt daher Zhishman: „Die Eigenschaften eines Kontrahenten, hinsichtlich deren sich der andere Teil im Irrtum befindet, (können der Art sein), dass durch sie die Ehe, woferne sie abgeschlossen würde, als ungiltig erklärt werden müsste. Dies wäre beispielsweise der Fall, wenn sich ein Kontrahent über den Mangel des Vernunftgebrauches o d e r d e r p e r - s ö n l i c h e n F r e i h e i t, über einen verbotenen Verwandtschafts- oder Schwägerschaftsgrad, oder über den Empfang einer höheren Weihe rücksichtlich des anderen Teiles im Irrtum befände. Hier geht der Irrtum in der Eigenschaft in jenen der Person über, w e i l m i t d i e - s e r l e t z t e r e n d i e E h e u n d d e s h a l b a u c h d a s g i l t i g e V e r l ö b n i s ü b e r h a u p t nicht geschlossen werden kann" [3]).

---

1) Leunclavius, ius Graeco-Romanum (Francofurti 1596) l. V (Tom. I) pag. 332). Bischof Johannes war ein Zeitgenosse des Kanonisten Balsamon (im 12. Jahrh.).
2) Siehe Zhishman, a. a. O. S. 76. 77, § 17, 1.
3) a. a. O. Seite 610.

II. Abschnitt.

Das Geltungsgebiet des Ehehindernisses des error conditionis servilis.

§ 5.

Vorbemerkung.

Zwei Momente müssen nach der Darstellung des vorigen Abschnittes zusammentreffen, um das impedimentum erroris conditionis servilis zu konstituieren: nämlich die Unfreiheit des einen Eheteiles und der Irrtum des anderen hinsichtlich dieser Unfreiheit. Es kann hiernach jenes Ehehinderniss nur dort Platz gegriffen haben oder noch Platz greifen, wo die Sklaverei geherrscht hat oder noch herrscht, und zwar — wie ich glaube von vornherein betonen zu müssen — jene Art von Sklaverei, welche dem Menschen einen Sachcharakter beilegt und ihn zu einem Kaufobjekt herabdrückt, wie das im römischen und älteren deutschen Rechte der Fall war (s. oben S. 4 und 10). Nur mit dieser Klasse von Unfreien — den eigentlichen Sklaven — haben wir es bei dem vorliegenden Ehehindernisse zu thun, da nur von ihr der seitherigen Darlegung gemäss die in Frage kommenden Gesetze reden [1]).

Im Nachstehenden werden ausser denjenigen Ländern, wo die christliche bezw. die katholische Religion die herrschende ist (wie in Europa und Amerika) und von dieser die ehelichen Verhältnisse der Sklaven rechtlich normiert

---

1) Näheres hierüber siehe unten Seite 107 fg.

wurden, auch diejenigen Länder in den Kreis der Erörterung gezogen werden, wo das Heidentum oder der Mohammedanismus dominiert (wie in Asien und Afrika) und die Sklaven der einen oder anderen dieser Religionen angehören. Zwar kann das Gesetz, auf welchem das impedimentum erroris conditionis servilis beruht, nur auf Christen, nicht aber auf die Heiden, bezw. Mohammedaner angewandt werden, da jenes den Seite 33 fg. gemachten Ausführungen gemäss lediglich durch einen positiven Akt der kirchlichen gesetzgebenden Gewalt eingeführt und keineswegs von dem ius naturale diktiert ist [1]); allein einmal liegt vom Standpunkte der Rechtsvergleichung ein hohes Interesse vor, die Gesetze und Rechtsgewohnheiten, welche bezüglich der Sklavenehen und vor allem hinsichtlich der unter dem Einflusse eines error conditionis servilis abgeschlossenen Verbindungen in den heidnischen und mohammedanischen Ländern galten oder noch gelten, darzulegen; sodann gehört es notwendig zu unserer Aufgabe, im Anschlusse an diese Darstellung zu untersuchen, in welchen Fällen das kirchliche Impediment des error conditionis servilis in jenen Ländern noch Platz greifen kann.

I. Kapitel.
Sklaverei in Europa.
§ 6.
1) Sklaverei in Deutschland.

a) Unfreie haben wir (oben Seite 10 f.) zur Zeit der leges barbarorum und der Kapitularien in Deutschland angetroffen und dabei gefunden, dass sie wie auch im rö-

---

1) Vgl. hierzu Sanchez, welcher aus seiner oben Seite 40 fg. mitgeteilten Ansicht, dass das Ehehindernis des error condit. serv. lediglich auf positiver Bestimmung der Kirche be-

mischen Rechte den Charakter einer Sache an sich trugen
und gleich einer solchen frei nach Belieben verkauft werden konnten. Diese im strengen Sinne unfreien Leute
haben nun grossenteils im Laufe des Mittelalters persön-
liche Freiheit in mehr oder minder grossem Masse erlangt,
blieben dabei aber an das Gut, welches ihnen vom Grund-
herrn angewiesen war, gefesselt, waren dinglich gebunden;
m. a. W. sie sind zum Stande der Hörigen emporgestie-
gen [1]). Auch wurde die Zahl der aus der fränkischen
Zeit stammenden eigentlichen Unfreien während des späteren Mittelalters (vom 10. bis in's 15. Jahrhundert hinein) in
Deutschland erheblich durch die Freilassungen vermindert [2]).
Das gleiche gilt für Belgien und Frankreich. So wird in
einer zu Mainz 1791 erschienenen Ausgabe des ius ecclesiasticum universum etc. auctore Zegero Bernardo van Espen,
additamentis et observationibus Johannis Silvestri et Johannis Petri Gibert auctum et illustratum pag. 701 bemerkt: Anno 1252 Margarita Belgarum princeps et ineunte
XIV. saeculo Ludovicus X. rex Galliarum (1314—1316)
servis omnibus libertatem in suis ditionibus dederunt. Deinde tum in Gallia tum in Belgio mos nullum agnoscendi
servum consuetudine potius quam lege aliqua invaluit.

Allein trotz der angegebenen Momente, welche das
Verschwinden der alten Unfreiheit im Laufe des Mittelalters in Deutschland bewirkten, treffen wir daselbst doch
das ganze Mittelalter hindurch neben den Hörigen auch
noch ganz unfreie Leute, welche den Sachen gleich frei

---

ruhe, folgerichtig schliesst: valere matrimonium *inter infideles*
initum cum errore conditionis — nisi aliqua speciali eorum lege
irritetur — quod legibus ecclesiasticis irritantibus minime astrin-
gantur (eine solche lex specialis findet sich z. B. im islamitischen
Eherecht, s. unten S. 94); Gasparri l. c. num. 640. Ex dic-
tis sequitur hoc impedimentum [sc. condit. servil.] *inter infideles*
non adesse. Hinc si infideles liber ducit infidelem servam
ignorans illius servitutem matrimonium est legitimum.

1) Vgl. hierzu G. L. von Maurer, Geschichte der Fron-
höfe, Bauernhöfe u. s. w. (Erlangen 1862), II. Bd., Seite 80 fg.

2) L. von Maurer a. a. O.

veräussert werden können [1] — das charakteristische Merk-
mal der Unfreiheit im strengen Sinne des Wortes, wie wir
gesehen haben —, wenn man auch hierbei nicht an die
Zustände der amerikanischen Sklaverei denken darf, insofern als die unter dem Walten des christlichen Geistes
milder gewordene Sitte und das Gesetz die Gewalt des
Herrn über den Leib des Unfreien eingeschränkt haben [2].
Solche eigentlich unfreie Leute finden sich in Niedersachsen,
insbesondere in Westfalen [3], auch sehen wir sie in den
Stiftern Salzburg, Freising, St. Emmeran zu Regensburg,
Corvey und Essen [4].

Zu diesen von den Sklaven der alten Zeit herstam-
menden unfreien Leuten, deren Zahl gewiss nicht gross
gewesen sein kann, sind im Laufe des Mittelalters in den
deutschen Landen durch Kriegsgefangenschaft und Sklavenhandel noch neue Unfreie hinzugetreten. So sind von den
Deutschen noch Ende des 10. Jahrhunderts slavische Kriegsgefangene zu Sklaven gemacht worden, und in den nördlich
und östlich von Deutschland gelegenen Ländern (z. B.
Russland) findet sich noch in viel späterer Zeit Sklaverei,
deren Ursprung in Kriegsgefangenschaft zu suchen ist [5].
Weit mehr als durch dieses Mittel wurde die Zahl der

---

1) G. L. von Maurer, a. a. O. Seite 82 fg. Hierzu die Urkunden, welche vom Verkaufe unfreier Leute handelt: Urkunde
von 1329 (vendidi pueros michi *iure proprietatis* attinentes —
iusto vendilionis titulo), von 1331 und 1355 (worin der Herr
mehrere ihm angehörende Unfreien um eine ihm ausgezahlte
Summe Geldes verkauft), bei Kindlinger, Urkunden zur Geschichte der deutschen Hörigkeit (1819), Seite 390, 391 u. 444.

2) Zoepfl, Deutsche Rechtsgeschichte, II. Bd. (1872), § 30,
VII, Seite 166 f.

3) Boehlau, Ueber Ursprung und Wesen der Leibeigenschaft in Mecklenburg, in Zeitschrift für Rechtsgeschichte (Weimar 1872), Bd. X. Seite 369, Anm. 46.

4) von Maurer, a. a. O. Seite 82.

5) Langer, Sklaverei in Europa während der letzten Jahrhunderte des Mittelalters (Wissenschaftliche Beilage zu dem
Programm des Gymnasiums zu Bautzen, Ostern 1891) Seite 5.

Sklaven in Deutschland vermehrt durch den Sklavenhandel. Dieser lag vornehmlich in den Händen der Juden, welche wir mit heidnischen Sklaven in Bayern, Böhmen, in dem slavisch-deutschen Grenzgebiete an der mittleren Elbe, in Polen und endlich am Rheine (in Speyer sowie in Koblenz, wo sie an der Zollstätte für jeden eingeführten Sklaven 4 Denare zahlten) antreffen, und noch zu den Zeiten Friedrichs II. finden wir heidnische Sklaven im Besitze von Wiener Juden. Noch bis in das 15. Jahrhundert hinein hatte die Einfuhr von Sklaven in Deutschland, wenn auch in stets abnehmendem Masse, statt [1]). Diese von auswärts kommenden Sklaven gehörten fast ausschliesslich dem Heidentum und Mohammedanismus an, wenn auch wir selbst noch in den späteren Zeiten (dem 11. und 12. Jahrhunderte) gelegentlich Christen (z. B. Engländer, Dänen und Skandinavier) als Sklaven eingeführt erblicken [2]).

Mit Ausgang des 15. Jahrhunderts dürfte in Deutschland die eigentliche servitus als erloschen zu betrachten sein. Diese Erscheinung erklärt sich hier ebenso wie in Skandinavien, England und Frankreich vornehmlich daraus, dass die genannten Länder im Gegensatz zu den südlichen Teilen Europas (der Balkanhalbinsel, Italien und Spanien) wegen ihrer geographischen Lage von der Berührung mit den Mohammedanern befreit blieben. Da nämlich dieses von Asien und Afrika hereinbrechende Volk, welches die Sklaverei als eine wichtige Institution kannte, bei seinen zahlreichen und heftigen Kriegen mit den christlichen Völkern der genannten drei südlichen Halbinseln Europas den Grundsatz befolgte, die in seine Gefangenschaft geratenen Christen zu Sklaven zu machen, so wurden hierdurch die Christen veranlasst, auch die gefangenen Mohammedaner der Sklaverei zu überantworten, und letzteres Verfahren hat die wenig erfreuliche Wirkung gehabt,

---

1) Langer, a. a. O. Seite 5 und 6.
2) Langer, a. a. O.

dass die Sklaverei in den mehrerwähnten südlichen Ländern Europas, nachdem sie fast ganz erloschen war, in
den letzten Jahrhunderten des Mittelalters wie nicht minder seit Ausgang desselben unter den Christen von neuem
heimisch wurde, bald Anerkennung und weite Verbreitung
fand (siehe hierüber des Näheren S. 57 fg., 60 fg. und
67 fg.).

Der bezeichnete Grundsatz der Christen, die gefangenen Mohammedaner zu Sklaven im strengen Sinne dieses
Wortes zu machen, — ein Grundsatz, der nach der Lehre
der älteren Kanonisten der neueren Zeit allgemein bei den
christlichen Völkern anerkannt war [1] —, hat übrigens zur
Folge gehabt, dass Deutschland im 17. Jahrhundert noch-
mals Sklaven innerhalb seiner Grenzen erblickte. Es wurden nämlich die nach der Befreiung Wiens aus der Türken-
gefahr (1683) in die verschiedensten Teile Deutschlands
und insbesondere in Bayern eingeführten türkischen Kriegs-
gefangenen der eigentlichen Sklaverei überantwortet [2].
Allerdings erlangten diese unfreien Mohammedaner durch
Empfang der hl. Taufe die Freiheit. Das bestätigt ausdrücklich der genannte Jesuit H u t h, indem er a. a. O.
hervorhebt, dass die infolge von Kriegsgefangenschaft Sklaven der Christen gewordenen Türken dem Stande der Unfreiheit angehörten, *quamdiu non fuerint baptizati.* Dasselbe führt der ebenwohl erwähnte Jesuit P i c h l e r a. a. O.
aus [3]. Wie wir übrigens später sehen werden, ist diese

---

1) Darüber S c h m a l z g r u e b e r, ius ecclesiasticum universale (edit. 1726 Ingolst.) zu lib. IV. tit. IX. decretal., de coniugio servorum num. 1; H u t h S. J., casus iuridico-canonici de
sponsalibus et matrimonio in omnes titulos libri IV decretalium
Gregorii IX. [Fuldae 1752], ad tit. IX. libr. IV de coniugio servor. pag. 381.

2) P i c h l e r S. J., ius canonicum practice explicatum seu
decisiones casuum ad singulos decretalium Gregorii Papae IX.
titulos et ad consuetum referendi modum accommodatae [Ingolst.
1734], ad lib. IV. tit. X. de natis ex vent. lib., pars II, pag. 404 sq.

3) Per baptismum a macula servili liberatus est [nämlich
der türkische Sklave, von dem die Rede ist].

in Deutschland geltende Anschauung, der zufolge der Empfang der Taufe von der macula servilis befreie, bei weitem nicht in allen Ländern zur Herrschaft gelangt.

Es erübrigt nun noch kurz Erwähnung zu thun des der eigentlichen Sklaverei sehr nahe stehenden Standes der sogenannten Leibeigenen (homines proprii), welche wir wie in vielen anderen Staaten Europas so auch in Deutschland während des Mittelalters und der neueren Zeit antreffen. Diese wohl von den alten Sklaven abstammenden Leute sind „unfreie Hausdiener, welche sich von den Grundhörigen dadurch unterscheiden, dass sie nicht wie diese an die Scholle gebunden sind, die sie ohne Genehmigung des Herrn nicht verlassen dürfen, sondern dem Herrn mit ihrem Leibe zu eigen gehören und ihm mit den Kräften desselben zum Dienste verpflichtet sind" [1]. Allein trotz dieser sehr nahen Verwandtschaft mit den Sklaven im strengen Sinne sind sie von letzteren „doch wieder verschieden, da sie in der Regel einem bestimmten Frohnhofe als Inventar zugeteilt waren und nur mit dem unbeweglichen Eigentum veräussert werden konnten" [2]. Solche Leibeigene finden wir wie im Mittelalter so besonders seit Ausgang desselben in der Lausitz, in Böhmen, Pommern, Mecklenburg, Westfalen, am Rhein, in Süddeutschland. Sie galten ebenso wie die Hörigen nach den Anschauungen des kirchlichen Rechtes für frei [3].

b) Was die eherechtliche Stellung der unfreien Leute in der nachfränkischen Zeit, das Mittelalter und selbst die neuere Zeit hindurch anlangt, so sind die alten (oben Seite 11 fg.) gezeichneten Grundsätze des weltlichen Rechtes in wenig veränderter Strenge bestehen geblieben. So wird durchweg der consensus domini für die Rechtsbestän-

---

1) Kröss a. a. O. (IV. Quartalheft), Seite 592.

2) Kröss a. a. O. Vgl. dazu den Artikel „Leibeigenschaft" in Wetzer und Welte's Kirchenlexikon VII. Bd. (2. Aufl.), S. 1643 fg.

3) Schmalzgrueber l. c. num. 3; Huth l. c. pag. 381: vere liberi reputantur.

digkeit der Ehe unfreier Leute seitens des weltlichen Gesetzes im Gegensatze zum kanonischen Rechte verlangt [1]),
welch' letzteres ja diese Forderung aufgegeben hatte (s.
oben Seite 32). Auch war die eheliche Verbindung zwischen freien und unfreien Personen, als dem Volksbewusstsein zuwider, rechtlich mit Strafen in der Weise
bedroht, dass der freie Teil nebst den Kindern in die
Lage des anderen folgen musste [2]). Zwar gibt der Sachsen-
und Schwabenspiegel keine diesbezüglichen Bestimmungen [3]);
allein der Satz: „Trittst Du mein Huhn, so wirst Du
mein Hahn" war weit verbreitet und machte sich noch in
Verordnungen selbst der neueren Zeit geltend [4]). Beispiels-

---

1) Wir finden, dass Ehen von Unfreien ohne Einwilligung
des Herrn vielfach geradezu als ungültig angesehen wurden.
J. H. Boehmer l. c. § VI: Propriorum hominum, ut sunt in
Pomerania rustici et glebae adscripti, matrimonium quidem est,
at non aliter validum, quam ex consensu dominorum (pag. 82)
und § IX: Verba haec [die vorher angeführte constit. Meclen-
burg. agraria de anno 1654] aperte docent non tantum sponsa-
lia insciis dominis contracta annullari, sed ipsum etiam matrimonium. — Sunt praeterea plures aliae leges provinciales Ger-
maniae, quae idem inculcant constituuntque, ut inde mani-
festum sit, ius canonicum eius potentiae non fuisse, ut mores
antiquos ubique eliminare potuerit (pag. 86).

2) Henric. II. dipl. (ao. 1025): Tam liberam, quae proprio
nupsit, quam eius posteritatem eodem, quo et ipse, servitutis
iugo succumbere. — Qualberti vita b. Caroli boni comitis Flan-
driae (ao. 1130) c. 2, § 12 (Bolland., Acta S. S. ad diem II. Mart.
Tom. VI, pag. 182): Quicunque enim secundum ius comitis ancillam liber in uxorem duxit, postquam annuatim eam obtinuis-
set, non erat liber sed eiusdem conditionis, cuius et uxor eius.

3) Nur bezüglich der Verbindung einer freien Frau mit
ihrem eigenen Unfreien spricht sich der Schwabenspiegel aus,
cap. 319 (Lassb.), und zwar mit grosser Strenge.

4) Eigentumsrecht und Ordnung in der Grafschaft Ravens-
berg von 1669, c. I. num. 10 [Wigand, Provinzialrechte des
Fürstentums Minden, II. 301]: „Ist die antrettende (d. h. zur Ehe
mit einer Unfreien) Person freyes Standes, muss sie sich eigen
geben"; n. 12 bestimmt, dass eine freie Person „ohne renuncia-
tion ihrer Freyheit ipso facto ins Leibeigenthum verfalle". Ebenso die Osnabrück'sche (cap. IV, § 13) und die Münster'sche Eigen-

weise möge hier eine zu Nassau unterm 19. Mai 1620 gegebene Urkunde [1]) angeführt werden, in welcher ein freier Mann (aus Niederlahnstein, wohnhaft zu Dachsenhausen) den Eintritt seines Sohnes in die Leibeigenschaft des Junkers vom Stein bekundet, da dieser Sohn eine leibeigene Person des letzteren heiratete.

Auch in Ansehung der Behandlung der Fälle, in denen eine freie Person mit einer unfreien eine Ehe schloss im Glauben, dass die letztere frei sei, steht das spätere Recht auf demselben Boden wie das ältere. Der freie Teil erhält die Befugnis die Verbindung zu lösen und so den empfindlichen Rechtsfolgen zu entgehen, welche ihn sonst getroffen haben würden. So bestimmt der Sachsenspiegel (c. 319. I): Unde ist das ein vrowe ir ungenos nimet. ein vriv vrowe zerehter. e. unde sprichet si herre ich bin reht vri. von allen minen vordern sit ir nu min genos. ich nime iuch gerne. unde er sprichet. ia. er si ir genos. unde er ist ein dienstman oder ein eigen man. u n d e i n n i m e t d i v v r i e v r o w e d e f u r. das er ir genos si. — als div vrowe des innen wirt. das er ir genos nicht ist. s i s c h e i d e t s i c h m i t a l l e m r e h t e v o n i m.

c) Den obigen (Seite 49 fg.) Ausführungen zufolge konnten in Deutschland bei dem Vorhandensein christlicher Sklaven im eigentlichen Sinne des Wortes das ganze Mittelalter hindurch Fälle statthaben, in denen das impedimentum erroris conditionis servilis zur Geltung kam, wenn zwar solche Fälle bei der geringen Zahl der erwähnten Unfreien auch sehr selten sein mochten. Wenigstens berichten die einschlägigen von mir zu Rate gezogenen zahlreichen Quellen keinen einzigen konkreten Fall von error condit. serv., der sich innerhalb des bezeichneten Zeitraumes in Deutschland ereignet hätte. Die praktischen Zwecken dienenden bereits angeführten Werke der beiden

---

tumsordnung (I tit. 2 § 7) [Schlüter, Provinzialrecht der Provinz Westfalen I, 257].

1) Bei Kindlinger, a. a. O. Seite 729.

Jesuiten Pichler und Huth konstruieren bloss Fälle der
bezeichneten Art, wie sie unter den gegebenen Voraussetzungen hätten eintreten können. Dabei werden auch
solche Fälle dargestellt, in denen eine freie Person mit
einer hörigen oder leibeigenen eine Ehe in der
Meinung schloss, dass letztere volle Freiheit besitze; Fälle,
die freilich während des Mittelalters und selbst der Neuzeit in Deutschland praktisch werden konnten. Die Ehe
war aber in derartigen Fällen gemäss der einstimmigen
Meinung der Kanonisten eine gültige, da die Hörigen und
Leibeigenen in der kirchlichen Rechtsanschauung als frei
galten [1]).

Neben den bisher angeführten Fällen konnten aber
in Deutschland sowohl im Mittelalter wie in der Neuzeit
solche Fälle eintreten, in denen eine freie dem christlichen
Bekenntnisse angehörende Person mit einem heidnischen
oder mohammedanischen Sklaven eine Ehe schloss, wobei
ein error conditionis servilis obwaltete. Hier kam noch
ein zweites trennendes Ehehindernis in Betracht, nämlich
das impedimentum cultus disparitatis. Allein auch abgesehen hiervon — es konnte ja bezüglich des letzteren
Dispensation erteilt worden sein — würde das im Interesse
des freien Teiles von der Kirche festgesetzte Ehehindernis
des error conditionis servilis Nichtigkeit der Verbindung
bewirkt haben [2]).

§ 7.

2) Sklaverei auf der Balkanhalbinsel.

a) Wir haben oben im § 4 bereits gesehen, dass die
weltliche und kirchliche Gesetzgebung im byzantinischen

---

1) Pichler l. c. pag. 401 sq.; Huth l. c. casus 92: de
coniugio servi improprie dicti, pag. 389 sq. Dazu Theodor M.
Rupprecht notae historicae in universum ius canonicum [Ve-
netiis 1764] pag. 385.

2) Gasparri l. c. pag. 441, num. 640: Praecisione facta
ab impedimento disparitatis cultus, si fidelis liber ducit infide-

Kaiserreiche noch im 11. Jahrhunderte mit der Regelung des Sklaveneherecbtes sich befassen musste, dass demnach zu dieser Zeit noch Sklaven und zwar christliche dort vorhanden waren, wenn wir auch mit Sicherheit annehmen können, dass die Zahl derselben auf der Halbinsel damals bei weitem nicht mehr so bedeutend war, als in den alten Zeiten. Aber die von jeher dort als wichtige Einrichtung zu Recht bestehende Sklaverei ist im Mittelalter im byzantinischen Reiche keineswegs völlig verschwunden Noch die dem praktischen Bedürfnisse dienenden weltlich-kirchlichen Rechtsbücher des späteren Mittelalters, wie der Hexabiblos des Constantin Harmenopulos (aus der ersten Hälfte des 14. Jahrhunderts), enthalten zahlreiche die Verhältnisse der Sklaven betreffende Bestimmungen [1]).

Zu den aus den alten Zeiten stammenden Sklaven traten durch Kriegsgefangenschaft neue hinzu. Da nämlich die Balkanhalbinsel wegen ihrer eigentümlichen geographischen Lage das ganze Mittelalter hindurch den heftigsten Angriffen zahlreicher über sie hereinbrechender Völkermassen [2]) ausgesetzt war, und diese letzteren die in ihre Gefangenschaft gefallenen Bewohner des Landes als Sklaven mitschleppten, so blieb den Byzantinern nichts andres übrig, als Gleiches mit Gleichem zu vergelten und auch ihrerseits die gefangenen Feinde zu Sklaven zu machen (wie dies oben Seite 52 bereits kurz bemerkt worden ist). Diese Praxis war während des ganzen Mittelalters im byzantinischen Reiche in Geltung und hielt fortwährend die Sklaverei daselbst wie überhaupt auf der gesamten Halbinsel im Schwange. Es waren freilich zumeist nur heidnische und mohammedanische Kriegsgefangene, welche von den Byzantinern der Sklaverei überantwortet wurden;

---

lem servam, matrimonium est nullum, quia hoc impedimentum latum est in favorem partis liberae.

1) Langer, a. a. O. Seite 10.

2) So der Gothen, Hunnen, Vandalen, Avaren, Gepiden, Slaven, Bulgaren, Russen, Tartaren, der Araber und der Türken (Langer, a. a. O. Seite 8).

allein es ist gewiss nicht ausgeschlossen, dass dieses Verfahren auch christlichen Gefangenen (z. B. den Lateinern) gegenüber insbesondere in den letzten an Wirren so reichen Zeiten der byzantinischen Herrschaft befolgt worden sei [1]). Auch hatten die lateinischen Christen in Griechenland gegen Ausgang des Mittelalters nach Ausweis vorhandener Kaufurkunden neben mohammedanischen Sklaven · solche, die den christlichen Völkern der Balkanhalbinsel entstammten [2]). Mit Anbruch der Neuzeit, mit der Eroberung von Konstantinopel durch die Türken begann auf der Balkanhalbinsel eine neue Blütezeit für die Sklaverei, mit welcher wir uns unten (Seite 90 fg.) bei Darstellung des islamitischen Sklavenrechtes beschäftigen werden.

b) Die eherechtliche Stellung der Sklaven im kirchlichen und weltlichen Rechte des byzantinischen Reiches ist bereits oben Seite 44 fg. dargelegt worden, worauf ich hier verweise.

c) Den unter a gemachten Ausführungen zufolge war auf der Balkanhalbinsel das ganze Mittelalter hindurch noch Platz für das Ehehindernis des erroris conditionis servilis. Hierbei konnten wohl nachstehende Fälle eintreten:

1) Beide Eheteile waren Anhänger der orientalischen Kirche. Nach den in dieser massgebenden Bestimmungen (die ja den Grundsätzen des auf dem römischen Rechte beruhenden bürgerlichen Rechtes des byzantinischen Reiches konform waren) war eine solche Ehe schlechthin ungültig, nicht weil die freie Person hinsichtlich des unfreien Standes der anderen geirrt hatte, sondern weil Verbindungen zwischen freien und unfreien Leuten rechtlich an sich unmöglich waren (siehe hierüber § 4).

2) Der freie Teil bekannte sich zur griechisch-orthodoxen Kirche, der andere Teil gehörte dem Heidentume oder dem Mohammedanismus an. Hier kam ausser dem

---

1) **Langer**, a. a. O. Seite 9.
2) **Langer**, a. a. O. Seite 13, Anm. 5.

soeben angeführten trennenden Ehehindernisse der Standesungleichheit noch das ebenfalls trennende kirchliche Hindernis der Verschiedenheit der Religion [1]) in Betracht.

3) Der eine Eheteil gehörte der orientalischen, der andere der römischen Kirche an. (Denn diese beiden christlichen Religionsgesellschaften waren ja auf der Halbinsel vertreten.) Dabei musste einmal die Verschiedenheit des christlichen Bekenntnisses und das eine solche gemischte Ehe missbilligende und verbietende Kirchengesetz [2]) beachtet werden; sodann war die Ungleichheit des Standes, die ja dem bereits früher Gesagten gemäss im byzantinischen Reiche nach weltlichem wie kirchlichem Rechte ein trennendes Ehehindernis begründete, zu berücksichtigen.

4) Beide Teile waren römisch-katholische Christen. (Denn solche lebten auf der Balkanhalbinsel nicht bloss als Freie, sondern auch, wie wir gesehen haben, als unfreie Leute.) Eine derartige eheliche Verbindung aber würde den Rechtsgrundsätzen der römischen Kirche gemäss wegen des dabei obwaltenden error conditionis servilis von dem kirchlichen Richter für nichtig erklärt worden sein.

5) Der freie Eheteil gehörte der römischen Kirche, der andere dem Mohammedanismus oder dem Heidentum an. Ueber diesen Fall siehe Seite 57.

§ 8.
3) Sklaverei in Italien.

a) Auf der apenninischen Halbinsel hat die Sklaverei nicht bloss das ganze Mittelalter hindurch, sondern auch, wie neuere Forschungen dargethan haben, weit über dieses hinaus sich erhalten. Der Grund für diese Erscheinung ist (geradeso wie dies auch hinsichtlich der Balkanhalbinsel der Fall war) vor allem in der geographischen Lage

---

1) Siehe über dieses Zhishmann, a. a. O. S. 506 fg.
2) Darüber Zhishmann, a. a. O. S. 537 fg.

des Landes zu suchen. Denn die Bewohner Italiens waren
bekanntlich während des ganzen Mittelalters mit den auf
Eroberung und Raub ausgehenden Mohammedanern Asiens
und Afrikas sowohl auf den Gewässern des Mittellän-
dischen Meeres als auch in den diesem anliegenden Küsten-
landschaften Italiens, welche ja am ehesten den feindlichen
Angriffen ausgesetzt waren, in mannigfache Kämpfe ver-
wickelt [1]). Da nun aber die in den letzteren gefangenen
Christen von den Mohammedanern, denen ja die Sklaverei
vertraut war, zu Sklaven gemacht wurden, so vergalten
die Italiener Gleiches mit Gleichem, und diese Praxis hatte
zur Folge, dass in Italien mohammedanische und heidnische
Sklaven das ganze Mittelalter hindurch sich in Menge vor-
fanden. Diese Verhältnisse bewirkten, dass man mit dem
Institut der Sklaverei vertraut blieb, und die damals herrschende Zeitrichtung trug das ihrige dazu bei, dass man
in demselben wenig Anstössiges erblickte. Hieraus erklärt sich auch der schwunghafte Sklavenhandel, der insbesondere von den Bewohnern der grossen Seestädte
(wie Genua und Venedig) betrieben wurde und über ganz
Italien hin Sklaven brachte [2]).

Vor allem blühte dortselbst die Sklaverei im 13., 14.
und 15. Jahrhundert. Im 13. Jahrhundert wurden Sklaven
grossenteils aus Spanien importiert, woselbst zahlreiche
maurische Sklaven waren und von wo aus mit diesen ein
weitverbreiteter Handel getrieben wurde. „Im 14. und
15. Jahrhundert sind aber die Sklaven meist tartarischer
Herkunft (de progenie Tartarorum). Sie wurden einge-
kauft in den grossen italienischen Handelsplätzen in Süd-
russland und auf der Krim (Tana, Kafa), entstammten aber
oft dem Innern Asiens. Aber auch andere Völker sind
vertreten, so insbesondere die Bewohner des Kaukasus
(Mingrelier, Circassier, Georgier, Abgasier), und neben

---

1) Die Araber eroberten z. B. den südlichen Teil Italiens
und gründeten ein Reich in Sizilien, woselbst die Sklaverei in
Blüte stand (Langer, a. a. O. S. 13, 14).

2) Langer, a. a. O. Seite 13 fg.

Türken, Arabern und Negern leider auch Russen, Bosniaken, Serben, Bulgaren, Albanesen und Griechen, und zwar
um die Mitte des 15. Jahrhunderts diese gerade in beträchtlicher Zahl [1]).

Wie man sieht, waren die eingeführten Sklaven nicht
bloss Heiden und Mohammedaner, sondern auch Christen.
Häufig wurden die servi infideles später getauft [2]), und
zwar jedenfalls nach römisch-katholischem Ritus, erhielten
hierdurch aber nicht die Freiheit. Das bezeugt ausdrücklich der heilige Antoninus, Erzbischof von Florenz († 1459),
in seiner Summa, in welcher er sehr ausführlich von den
die Sklaven seiner Zeit betreffenden Verhältnissen spricht [3]).

Hier lehrt er, dass si paganus vel iudeus christiani
servus efficiatur christianus, *non propterea liberatur a
servitute*, quia in baptismate tolluntur crimina, non obligationes hominum aut conditiones [4]).

Interessant und hier zu erwähnen ist noch die Erscheinung, welche wir bei den Sklaven rücksichtlich des
numerischen Verhältnisses der beiden Geschlechter zu einander wahrnehmen. Langer schreibt hierüber [5]): „die Zahl

---

1) **Langer**, a. a. O. Seite 19.

2) Dies wurde oftmals in Kaufverträgen dem Käufer zur
Bedingung gemacht, siehe Beispiele hierzu bei **Langer**, a. a. O.
S. 20, Anm. 10.

3) Warum die praktische Theologie, zu welcher das Werk
des hl. Antoninus gehört, erst gegen Ausgang des Mittelalters
die Sklavenfrage zu einem ständigen Thema der Behandlung
macht, erklärt sich aus der Entwicklung und besseren Systematik dieses Wissenszweiges; allein damals war es wegen des
von gewissenlosen Kaufleuten in den Handelsstädten der Mittelmeerländer betriebenen Menschenhandels ein praktisches Bedürfnis für die Beichtväter, die Fälle kennen zu lernen, in den
nach allgemeiner Anschauung der Besitz von Sklaven erlaubt
sei oder nicht; **Kröss**, a. a. O. Seite 603 fg.

4) Pars III. tit. III. cap. 6, § 3; verbinde damit eod. § 5:
Si autem christianus emerit indeum vel paganum, si velit effici
Christianus, non propterea efficitur liber. Unde et vendi potest
sicut prius.

5) a. a. O. Seite 17.

der Frauen ist unverhältnismässig grösser als die der Männer, und zwar wurde das Missverhältnis in der Regel um so auffallender, je weiter man sich von den Hafenplätzen entfernte. So hat man für Venedig gefunden, dass die Zahl der Sklaven die der Sklavinnen um das doppelte übertraf, während sich in Florenz unter 339 von 1366 bis 1397 registrierten Sklavenverkäufen nur 29 auf Sklaven (meist Knaben, drei Männer, je einer im Alter von 20, 30 und 35 Jahren) bezogen. Allerdings zählte man auch 1458 in Genua neben 1518 Sklavinnen nur (?) 63 Sklaven, die insgesamt auf 1188 Besitzer verteilt waren, so dass also Zustände, wie wir sie aus dem Altertum kennen, ausgeschlossen sind." Den Grund für diese Erscheinung erblickt L a n g e r a. a. O. wohl mit Recht darin, dass in Italien vielerorts ein Mangel an Arbeitskräften in den landwirtschaftlichen und gewerblichen Betrieben nicht vorhanden und daher ein Bedürfnis nach Sklaven, welche in den letzteren etwa zur Verwendung hätten kommen können, gering war; dass dagegen zur Besorgung mannigfacher Dienste im Hauswesen Sklavinnen, weil solche sich hierfür weit eher eigneten als Sklaven, sehr viel begehrt waren.

Wenn wir im Bisherigen bloss das Mittelalter in den Kreis der Betrachtung gezogen und dabei gefunden haben, dass während desselben und insbesondere gegen dessen Ausgang in Italien die Sklaverei im Schwange war, so erübrigt noch die Bemerkung, dass auch noch in der neueren Zeit, im 16. und 17. Jahrhundert, dort vornehmlich in den Städten Sklaven sich vorfinden, und zwar nicht bloss türkische oder heidnische, sondern auch solche, die durch Empfang der Taufe katholische Christen geworden waren. Laien und Kleriker, sogar hochgestellte Geistliche, finden wir im Besitze von Sklaven [1]). In Genua, Venedig und im Königreiche Neapel sind noch zahlreiche Sklaven, bezw. Sklavinnen zu jenen Zeiten anzutreffen, womit freilich nicht geleugnet werden soll, dass damals auch in an-

---

1) L a n g e r, a. a. O. Seite 43 fg.

deren Gegenden Italiens die Sklaverei bestanden hätte.
Die Forschungen der neueren Zeit haben entdeckt, dass
Sklaven in Rom und im Kirchenstaate im 16. Jahrh. in
ziemlicher Anzahl vorhanden waren, und noch für das 17.
und 18. Jahrhundert lassen sie sich daselbst nachweisen.
Hierwegen beziehe ich mich auf die Abhandlung des Ar-
chivars Bertolotti zu Mantua: La chiavitù in Roma dal
sec. XVI al XIX (in Revista di discipline carcerarie, 1887,
XVII, Seite 1—41). Einen Auszug hieraus und die Über-
setzung vieler dort abgedruckter interessanter Urkunden
und sonstiger Schriftstücke bezüglich der Sklaven enthält
die Schrift von T h. B r e c h t, Kirche und Sklaverei (Bar-
men 1890), Seite 184 fg. [1]). Diese Dokumente betreffen
zum Teil Verhandlungen über die Auslieferung flüchtiger
Sklaven, von denen oft bemerkt wird, dass sie türkischer
Herkunft seien, aber mittlerweile die heilige Taufe erhalten hätten [2]). Aber auch von Sklaven ist die Rede, die
noch dem Mohammedanismus angehörten. Andere Urkunden beziehen sich auf Sklavenverkäufe.

b) Was nun die Ehen der Sklaven unter einander
angeht, so werden dieselben aus dem Grunde selten gewesen sein, weil die Zahl der Sklaven gegenüber der der
Sklavinnen unverhältnismässig gering war, wie bereits bemerkt worden ist.

---

1) Die in der Brecht'schen Schrift vorgebrachten unbe-
gründeten und mitunter lächerlichen Behauptungen bezüglich
der Stellung der katholischen Kirche zur Sklavenfrage im Mittelalter werden gut beleuchtet in der bereits (Seite 22, Anm. 1)
citierten Abhandlung von Kröss, „Die Kirche und die Sklaverei in Europa in den späteren Jahrhunderten des Mittelalters"
a. a. O. Seite 273—305 und 589—622.

2) So wandten sich — um ein Beispiel anzuführen — im
Jahre 1669 drei von Genua nach Rom geflüchtete Sklaven, An-
ton Maria Grimaldi, Johann Oreto und Salvator Savignoni, die
von sich behaupteten, dass sie aus der Türkei stammten, aber
nunmehr Christen seien, an den Papst Clemens IX. mit der Bitte
um Freilassung. Diese wurde ihnen freilich nicht gewährt, und
ihretwegen entspann sich noch eine Korrespondenz zwischen
dem Papst und den Herren.

Langer fand nur ein Beispiel einer Sklavenehe, und zwar in dem Falle, wo eine ganze Sklavenfamilie tartarischer Herkunft im Jahre 1444 für das Spital Peter und Paul in Venedig verkauft wurde [1]). Die weltliche Gesetzgebung schenkte den Ehen der Sklaven untereinander keine Aufmerksamkeit. Das Civilrecht hielt ja im allgemeinen, wie Bongi in seiner höchst interessanten Abhandlung: le schiave orientali in Italia (in nuova Antologia, Firenze 1866, II. pag. 215 sq.) bemerkt, an dem Grundsatze fest, dass der Sklave, bezw. die Sklavin, weil von dem rechtlichen Verkehre ausgeschlossen [2]), zur Eingehung einer legalen Ehe nicht könne zugelassen werden. Dies galt um so mehr dann, wenn es sich handelte um Verbindungen zwischen Freien und Sklaven [3]). In Abweichung von dieser Rechtsanschauung hat der grosse Rat von Venedig durch eine Sentenz vom 12. März 1327 die Ehen, welche zwischen Sklavinnen und freien Bauern in der Kolonie Kandia geschlossen waren, als giltig anerkannt. In Genua wurde jeder, der eine Sklavin ohne Genehmigung ihres Herrn heiratete, mit einer Strafe von 350 Genuese-Lire belegt, wenn die Sklavin aus der Levante war, und von nur 250, wenn sie afrikanischer Abstammung war. Dennoch kamen derartige Verbindungen vor. Bongi wenigstens erwähnt solche und bemerkt dabei, dass, weil eine Zurückgabe der Sklavinnen nicht angeordnet war, es nicht recht klar sei, ob die ungesetzliche Ehe civilrechtlich annuliert wurde [4]). Jedenfalls waren die Verbindungen der

1) Langer, a. a. O. Seite 23.

2) Bongi, l. c. pag. 238: La totale diminuzione di capo cui soggiacevano le schiave, escludendole da ogni diritto civile, impediva che potessero vendere, comprare, possedere e far testamento.

3) Bongi, l. c.: Per regola generale il matrimonio delle schiave non si ammetteva in niun modo, il che doveu riuscire fatto odiosissimo in mezzo ad una società di christiani.

4) Bongi, l. c.: Il maggior Consiglio di Venezia, con una sentenza del 12 marzo 1327, aveva riconosciuti validi i matrimoni fra le schiave ed i villani liberi nella colonia di Candia.

in Rede stehenden Art nach dem Rechte der Kirche gültige Ehen, insoweit nicht ein error conditionis servilis dabei obwaltete.

c) Den vorstehenden Ausführungen gemäss war in Italien durch das ganze Mittelalter hindurch, ja noch bis in das vorige Jahrhundert hinein bei dem Vorhandensein christlicher Sklaven Platz für das kanonische Ehehinderniss des error conditionis servilis. So hat sich der von Papst Alexander III. entschiedene Fall (c. 2. X. de coniug. serv. IV. 9) ohne Zweifel in Oberitalien zugetragen, da derselbe in den oberitalischen Städten Asti, bezw. Mortara[1]) vor dem geistlichen Richter verhandelt wurde. Sonst sind mir trotz eifriger Bemühung konkrete Fälle genannter Art nicht zu Gesicht gekommen. Solche mögen aber in dem angegebenen Zeitraume ohne Zweifel in Italien vorgekommen sein; so, wenn ein Sklave in eine entfernt liegende Stadt geflohen war und dort sich niedergelassen hatte, ein Fall, für welchen wir ja Beispiele in dem oben genannten Werke Bertolottis kennen gelernt haben. Gab sich nun der Sklave für frei aus, was hätte ihn gehindert, mit einer freien Frau eine Ehe einzugehen, welche freilich nichtig gewesen wäre? Es wird jedoch den flüchtigen Sklaven in den wenigsten Fällen gelungen sein, an einem fremden Platze sich längere Zeit ruhig aufzuhalten und gar eine Ehe zu schliessen. Denn die Obrigkeiten waren verpflichtet, dieselben zu ergreifen und abzuliefern, mochten nun zwischen den einzelnen Gemeinden Auslieferungsverträge bestehen (so zwischen Venedig und Triest vom Jahre 1467) oder nicht[2]).

Lo Statuto penale di Genova, a chi sposasse, senza licenza del padrone, una schiava, infliggeva la pena di 350 lire di Genovesi, se questa fosse di levante, e di sole 250, se di stirpe africana; non ordinandosene però la restituzione, non è chiaro se l'illecito matrimonio fosse civilmente annullato.

1) Siehe Gonzalez Tellez, l. c. zu cap. 2 X de coniug. servor. (IV. 9), Note a und b.

2) Langer, a. a. O. Seite 22.

Schliesslich möchte ich noch darauf hinweisen, dass einem error conditionis servilis aus folgenden zwei Gründen in vielen Fällen schon von vornherein vorgebeugt war. Einmal waren nämlich die Sklaven, bezw. Sklavinnen vielfach äusserlich durch Abzeichen als solche kenntlich gemacht [1]). Sodann entstammten sie ausländischen Völkern und waren daher vielfach durch ihr Aeusseres (wie z. B. die Hautfarbe) von den Bewohnern Italiens unterschieden. Man wird daher hinsichtlich der Eingehung einer Ehe mit einer Person, welche sich als eine fremdländische darstellte, vorsichtig gewesen sein, insofern man nie sicher sein konnte, ob sie nicht unfrei war.

§ 9.
4) Sklaverei in Spanien.

a) Wie in Italien, so finden sich auch auf der pyrenäischen Halbinsel das ganze Mittelalter hindurch Sklaven vor, und selbst noch im 18. Jahrhundert bestand dort die Sklaverei. Wohl sind die alten christlichen Unfreien etwa seit dem 13. Jahrhunderte daselbst fast ganz verschwunden; allein aus demselben Grunde, aus welchem im Mittelalter und darüber hinaus in Italien (und auf der Balkanhalbinsel) die Sklaverei im Schwunge war, bestand diese auch in Spanien fort: nämlich die geographische Lage des Landes gab in erster Linie hierzu die Veranlassung. Es ist ja bekannt, dass im Mittelalter die von Afrika bezw. Asien hereinbrechenden Mohammedaner gerade in Spanien blühende Reiche errichtet, sowie auch vornehmlich mit den Bewohnern der pyrenäischen Halbinsel heftige und zahlreiche Kämpfe geführt haben. Da nun hierbei die Mohammedaner die gefangenen Christen — wie

---

1) Brecht, a. a. O. Seite 186. Im Gesichte oder auf der Stirn konnte der Sklave mit glühenden Eisen gebrandmarkt werden; auch wurde ihm eine Messingkette um den Hals gelegt. Haupthaar und Bart trug er rasiert; vielfach hatte er sein besonderes Kleid.

dies auch anderswo der Fall war (siehe oben Seite 61)
— zu Sklaven machten, so befolgten die Spanier ihrerseits die nämliche Praxis. Daher war die hauptsächlichste
Quelle für den Fortbestand und die weite Verbreitung der
Sklaverei in Spanien während des Mittelalters und darüber
hinaus die Kriegsgefangenschaft, durch welche die Mohammedaner, die Feinde des christlichen Glaubens, in die
Hände der Spanier gefallen waren[1]). Die Folge hiervon
war, dass die Bewohner der Halbinsel mit dem Institute
der Sklaverei vertraut blieben, ja dass das Bedürfnis nach
Sklaven stets zunahm. Daher fand noch im 15. und 16.
Jahrhundert eine umfangreiche Einfuhr von Sklaven, welche
zumeist Neger waren, statt[2]), und noch bis ins 18. Jahrhundert hinein war in Spanien die Sklaverei im Schwange[3]).

Was die Religion der Sklaven anlangt, so befanden sich
neben den mohammedanischen, heidnischen und jüdischen
Unfreien auch nicht wenige christliche, d. h. katholische
Sklaven. Mit letzteren befasst sich ausdrücklich (wie wir
bald sehen werden) das dem 13. Jahrhunderte angehörende
bereits erwähnte Gesetzbuch las Siete Partidas, und noch
bis ins 18. Jahrhundert hinein sind in Spanien christliche
Sklaven nachweisbar[4]).

b) Betreffs der eherechtlichen Verhältnisse der Unfreien geben die von König Alfons dem Weisen (1252 bis

---

1) Zum Gesagten vgl. Langer, a. a. O. Seite 27 fg. und
das spanische Gesetzbuch las Siete Partidas del Sabio Rey Don
Alonso el Nono l. IV. tit. XXI. (de los sieruos) ley I (in der von
Marcelo Martinez Alcubilla veranstalteten Sammlung ka-
stilischer bezw. spanischer Rechtsbücher: Códigos antiguos de
España. Coleccion completa de todos los Códigos de España,
desde el Fuero Juzgo hasta la novisima recopilacion etc., Ma-
drid 1885, I. pag. 512): E son tres maneras de sieruos. La pri-
mera es, de los que catiuan en tiempo de guerra, seyendo ene-
migos de la fe.

2) Langer, a. a. O. Seite 33. Namentlich war Sevilla ein
Hauptmarkt für das schwarze Menschenfleisch.

3) Langer, a. a. O. Seite 35.

4) Langer, a. a. O. Seite 32.

1284) geschaffenen S. Partidas im Anschlusse an das Recht
der Kirche folgende Bestimmungen:

Sklaven können untereinander eine rechtsgültige Ehe
abschliessen und zwar ohne hierzu den consensus domini
einzuholen [1]), eine Forderung, welche das alte Westgothen-
recht (siehe oben Seite 14, Note 1) und noch das aus
einer Uebersetzung desselben ins Altkastilische unter König
Ferdinand III. [1229—1234] unter dem Namen Fuero
Juzgo entstandene Gesetzbuch aufstellte. Verheiratete Sklaven dürfen in keiner Weise von den Eigentümern durch
Verkauf getrennt werden [2]), und sollte es vorkommen, dass
ein unfreies Ehepaar zu verkaufen wäre, so müsse dies in
der Art geschehen, dass die veräusserten Sklaven ein eheliches Zusammenleben führen könnten [3]). Haben sich zwei
Sklaven gegen den Willen ihrer Herren verheiratet, so
sollen sie doch diesen nach wie vor ihre Dienste leisten [4]).
Voraussetzung für die rechtliche Anerkennung der Sklavenehen war aber der Umstand, dass beide Eheteile der christlichen, d. h. katholischen Religion angehörten [5]). Unter
derselben Bedingung war nach den Bestimmungen der S.
Partidas eine rechtsbeständige Ehe möglich zwischen freien
Personen und Sklaven, vorausgesetzt, dass der freie Teil
zur Zeit der Verehelichung wusste, dass sein Mitkontra-

---

1) S. Partidas, l. IV. tit. V. ley I: E pueden los sieruos
casar en uno, e maguer lo contradigan sus señores, valdra el
casamiento, e no deue ser desfecho, por esta razon si consen-
tiere el uno en el otro.

2) S. Partidas, l. c.: E non pueden vender el uno, en una
tierra, e el otro, en otra, porque ouiessen a beuir departidos.

3) S. Partidas, l. c.: Si muchos omes ouiessen dos sieruos,
que fuessen casados en uno, si acaesciesse, que los ouiessen de
vender, deuenlo fazer, de manera, que puedan beuir en uno.

4) S. Partidas, l. c.: E como quier, que pueden casar, contra voluntad de sus señores, con todo esto, tenudos son de los
seruir, tambien como ante fazian.

5) S. Partidas, l. c.: Pero ha menester, que sean christianos para valer el casamiento. Demnach hatten Ehen von und
mit mohammedanischen Sklaven keinen Rechtsschutz.

bent Sklave sei [1]). Trifft diese letztere Voraussetzung
nicht zu, so ist die Ehe wegen des error conditionis servilis ungültig. Das bestimmen ausdrücklich die S. Partidas l. c. ley. III. Hier befasst sich der Gesetzgeber mit
drei Fällen:

1. Wenn sich eine Sklavin mit einem freien Mann
verheiratet und letzterer nicht weiss, dass dieselbe dem
Sklavenstande angehört, so hat eine solche Verbindung
keine Gültigkeit [2]).

2. Wenn ein Sklave sich mit einer freien Frau verheiratet und diese für eine Sklavin ansieht, so kann er
sich nicht unter dem Vorwande von ihr trennen, weil er
etwa betreffs ihres Standes geirrt habe oder betrogen worden sei. Denn er hat sich ja mit einer Frau aus besserem
Stande verbunden. Allein die Ehe ist nur dann rechts-
beständig, wenn die freie Frau bei ihrer Verheiratung von
dem unfreien Stande des Mannes Kenntnis gehabt hat.
Andernfalls steht ihr später nach Entdeckung ihres Irrtums
die Wahl frei, mit dem Manne ein eheliches Leben zu
begründen oder sich von ihm zu trennen [3]).

3. Wenn ein Sklave, der die Absicht verfolgt, eine
freie Frau zu heiraten, sich mit einer Sklavin verehelicht,
so kann er sich nicht von ihr trennen. Denn er kann
weder Irrtum noch Betrug vorschützen, da er sich ja mit

---

1) S. Partidas, l. c.: Otrosi, puede casar el sieruo, con muger
libre, e valdra el casamiento, *si ella sabia, que era sieruo
quando caso con el.*

2) S. Partidas, l. c. ley III: Sierua de alguno, casando con
ome libre, *e non sabiendo aquel que casaua con ella, que era
de seruil condicion, non valdria el casamiento.*

3) S. Partidas, l. c. ley III: Otrosi, quando algun sieruo
casasse con muger libre, cuydando que era sierua, non se puede
el departir della, diziendo que errara. Ca pues que casa con
muger de mejor condicion que el non puede dezir, que es engañado. E esto se entiende queriendo ella fincar con el, sabiendo
que era sieruo. *E si quando casasse con el, non sabia que era
sieruo: quando quier que lo sepa despues en su escogencia es
de fincar con el, si quisiere, o departisse del.*

einer Frau aus gleichem Stande verbunden hat[1]). Die
unter 2 (im ersten Satze) und 3 angeführten Bestimmungen
des spanischen Gesetzbuches sind klar; sie beruhen auf
der ratio legis; denn das dem error conditionis servilis
eine ehehindernde Wirkung beilegende Gesetz ist lediglich
im Interesse der pars libera gegeben; der Sklave kann
sich auf dasselbe nicht berufen[2]).

Wie übrigens ersichtlich ist, sind die erwähnten Ge-
setzesvorschriften ganz dieselben, wie sie die Kirche hinsichtlich der Sklavenehen erlassen hatte (siehe hierüber oben
Seite 21 fg.).

Nur betreffs der nachstehenden Bestimmung liegt eine
Divergenz zwischen der Anschauung des kirchlichen und
bürgerlichen Rechtes vor. Die S. Partidas schreiben nämlich vor:

Wenn eine freie Person sich mit einer unfreien im
Beisein oder mit Wissen des dominus verheiratet, ohne
dass der letztere den Stand seines Sklaven der pars libera
kundgegeben hat, so wird zwar der Sklave frei, allein
eine Ehe kommt trotzdem nicht zustande, weil eben der
freie Teil zur Zeit der Eheschliessung nicht wusste, dass
sein Mitkontrahent dem Sklavenstande angehörte, es müsste
denn sein, dass derselbe nach Entdeckung des Irrtums
durch Wort oder That einwilligte[3]).

---

1) S. Partidas, l. c. ley III: E si algun sieruo cuydando
casar con muger libre casasse con sierua: non se puede departir della, por dezir que erro. Ca por tal yerro como este, non
se deue tener por engañado: nin deue ser desfecho el casamiento por el, pues que caso con muger de tal condicion como
el mismo era.

2) Vgl. dazu unten Seite 110 fg.

3) S. Partidas, l. c. ley I: Si sieruo de alguno, casasse con
muger libre: o ome libre con muger sierua, estando su señor
delante: o sabiendolo: si non dixesse estonce que era su sieruo, solamente por este fecho, que lo vee, o lo sabe, e calasse,
fazese el sieruo libre, e non puede despues tornar a seruidum-
bre. E maguer, que dize de suso, que el sieruo se torna libre,
porque vee, o sabe su señor, que se casa, e lo encubre, con

Allein da in demselben Augenblicke, wo die Ehe zustande kam, der Sklave die Freiheit erlangte, so konnte
doch von einem error conditionis servilis nicht mehr die
Rede sein und lag daher vom Standpunkte der Kirche
aus gewiss kein Grund vor, eine solche Ehe für nichtig
zu erklären[1]).

Die im Vorstehenden mitgeteilten Vorschriften der
Siete Partidas bezüglich der Ehen von und mit Sklaven
galten auch in den spanischen Kolonien, so z. B. auf den
Philippinen-Inseln[2]). Hier wurden noch im 16., 17. und
18. Jahrhundert die in spanische Kriegsgefangenschaft
geratenen mohammedanischen Bewohner der zu dieser Insel-
gruppe gehörenden Inseln Mindanao und Jolo von den
Spaniern zu Sklaven gemacht[3]), und sicher gab diesen der
Empfang der Taufe nicht die Freiheit.

Endlich glaube ich noch Folgendes hervorheben zu sollen.

----

todo esto, non vale et casamiento: porque ella non lo sabia,
que era sieruo, quando caso con el: fueras ende, si despues lo
consentiesse, por palabra, o por fecho.

1) Sanchez, l. c. disp. XX. num. 14 macht gegen das angeführte Gesetz vom kirchlichen Standpunkte aus geltend: Cum
statim eodem momento, quo perficitur matrimonium, maneat
coniux servilis conditionis effectus liber, servitus illa est nullius
considerationis — nec affert incommoda, ob quae ius ecclesiasticum irritavit matrimonium cum errore conditionis initum. Hierfür werden eine grosse Anzahl von Autoren citiert.
Vgl. auch Schmalzgrueber, l. c. num. 36—38.

2) Siehe Petrus Murillo Velarde (— in Pontificia ac
Regia Societatis Universitate *Manilana* ss. canonum prius, deinde
s. theologiae Cathedrarum Moderatore) cursus *iuris canonici,
Hispani et Indici*, in quo iuxta ordinem titulorum decretalium
non solum canonicae decisiones afferuntur, sed insuper additur,
quod in *nostro Hispaniae regno et Indiarum provinciis lege,
consuetudine, privilegio vel praxi statutum et admissum est*, edit.
3 cura et studio Joh. M. a Villanueva [Matriti 1791], Tom. II,
ad titul. IX de coniug. servor. (IV. 9) num. 96, pag. 61. Hier
teilt der Verfasser gegen Sanchez (s. vorige Note) die Anschauung des oben im Texte zuletzt angeführten Gesetzes.

3) P. Murillo Velarde, l. c. ad titul. X de natis ex libero
ventre (IV. 10) num. 99.

Die Siete Partidas schützen, wie gezeigt worden ist, mit allem Nachdrucke das individuum vitae consortium bei den ehelichen Verbindungen von und mit Sklaven gegen etwaige Willkür der Herren und sehen von dem Erfordernisse des consensus domini ab; sie erachten den Sklaven für völlig ehefähig. Wenn sie daher dennoch dem error conditionis servilis ehehindernde Wirkung beilegen, so geschah dies gewiss nicht aus dem Grunde, weil der Gesetzgeber der Meinung war, dass der Sklave ohne den Willen seines Herrn das nicht bieten könne, was die Ehe notwendig verlange, nämlich die individua vitae consuetudo — denn gerade das Gegenteil erkannte der Gesetzgeber an und verschaffte dieser Anerkennung auch durch entsprechende gesetzliche Massnahmen in wirksamer Weise Geltung — und dass demzufolge für den freien Teil, der sich über den Sklavenstand seines Mitkontrahenten im Irrtume befinde, die Vermutung streite, er wolle die Ehe mit einer Person, die einen solchen Mangel an sich trüge, nicht eingehen [1]); sondern es geschah ohne Zweifel vielmehr deshalb, weil der eine Teil mit der nota oder macula servilis behaftet und diese letztere vom Standpunkte der damaligen Zeit aus dem Gesetzgeber Anlass genug war, für die Fälle des error conditionis servilis zu erklären, dass eine Ehe nicht zustande kommen solle und es dem freien Teile zustehe, nach Entdeckung seines Irrtums eine eheliche Verbindung zu begründen oder nicht.

In diesem Punkte, sowie hinsichtlich der rechtlichen Behandlung der Sklavenehen überhaupt bekennt sich das spanische Gesetzbuch des 13. Jahrhunderts voll und ganz zu den Anschauungen, welche das Recht der Kirche von jeher an den Tag gelegt hat (siehe oben § 3).

c) Die im Vorstehenden mitgeteilten detaillierten Ge-

1) Ueber diese in einem Teile der kanonistischen Doktrin herrschende Ansicht, nach welcher die Kirche aus dem soeben im Texte angegebenen Grunde das imped. cond. servil. eingeführt habe, siehe des Näheren oben Seite 37 fg., woselbst diese Meinung widerlegt ist.

setzesbestimmungen, welche im 13. Jahrhundert in Spanien hinsichtlich der Ehen von und mit Sklaven erlassen wurden, berechtigen zu der Annahme, dass damals eheliche Verbindungen von Unfreien untereinander und mit freien Personen nicht gerade selten waren, und dass insbesondere Fälle des error conditionis servilis statt hatten; denn sonst würde die bürgerliche Gesetzgebung sich wohl nicht so eingehend mit diesen Materien beschäftigt haben. Ein konkreter Fall des error conditionis servilis ist mir leider nicht zu Gesicht gekommen; jedoch glaube ich zur Veranschaulichung des Gesagten nachstehenden von dem bereits erwähnten Jesuiten H u t h (l. c. pag. 381 sq.) konstruierten Fall zum Schlusse in die Darstellung aufnehmen zu sollen: Jagellonius sectae Mahometanae, Algerii servus Mustaphae, invito domino coniugium init cum Juditha paris conditionis femina, qua post tempus aliquod mortua dum Jagellonius Mustapham ad bellum contra Hispanos sequitur, *ab Hispano captus baptismum suscipit nec tamen a servitute, uti dicunt in Hispania moris esse, liberatur.* Interea Jagellonius familiariter agit cum Isdegerde famula heri sui domestica *eaque libera, quae credens Jagellonium pariter liberum et nuptias eidem promittit et reipsa* init, experta postmodum conditionem eius servilem, multum contra matrimonium reclamat et quoad ipsum vinculum divortium urget.

Es konnten übrigens in Spanien auch Fälle eintreten, wo eine freie christliche Person mit einem heidnischen, mohammedanischen oder jüdischen Sklaven (s. oben Seite 68) unter Irrtum über des letzteren unfreien Stand eine Ehe einzugehen beabsichtigte. War hier auch von dem impedimentum cultus disparitatis dispensiert worden, so kam doch wegen des error condit. servilis eine Ehe kirchlich nicht zustande.

Auch konnte noch folgender interessante Fall eintreten. Ein freier Mohammedaner — und solcher gab es in Spanien das ganze Mittelalter hindurch in zahlreicher Menge und noch in der Neuzeit — heiratete eine serva infidelis, über deren unfreien Stand er im Irrtum sich befand. Späterhin trat er zur katholischen Religion über, seine Ehefrau aber war bereit, die eheliche Gemeinschaft absque contumelia creatoris fortzusetzen. Hier würde gewiss eine kirchliche Ehe vorgelegen haben[1]), wenn eben nicht der error conditionis servilis dies nach dem kirchlichen Rechte gehindert hätte.

II. Kapitel.
Sklaverei in Amerika.
§ 10.
1) Sklaverei in Südamerika.

a) Wie im vorhergehenden § 9 dargethan worden ist, waren die Spanier (und auch die Portugiesen) gegen Ausgang des Mittelalters mit der Sklaverei der Neger sehr vertraut und betrachteten dieselbe als eine durchaus zu Recht bestehende Institution[2]). Daher war es denn auch natürlich, dass die genannten Völker in die von ihnen in Besitz genommenen Länder des neu entdeckten Erdteils Amerika bei dem Mangel an geeigneten Arbeitskräften sowohl zum Feldbau sowie zur Ausbeutung der an allen Naturerzeugnissen überreich gesegneten Länderstrichen Sklaven einführten[3]). So finden wir diese in zahlreicher Menge in den spanischen Kolonien, auf den Inseln Kuba, Jamaika und Haiti, in den französischen Kolonien, auf

---

1) Siehe hierüber Schulte, a. a. O. Seite 201 fg.

2) Vgl. dazu J. Margraf, Kirche und Sklaverei seit der Entdeckung Amerikas (Tübingen 1865), Seite 12.

3) Margraf, a. a. O. Seite 38 fg. A. Ebeling, Die Sklaverei von den ältesten Zeiten bis auf die Gegenwart (Paderborn 1889), Seite 6 fg.

den Inseln Martinique und Guadeloupe, wie überhaupt auf den grossen und kleinen Antillen, ferner in Mexiko und ganz Central-Amerika und nicht minder in Südamerika, wo die Negersklaverei in Peru, Columbia, Venezuela, Guayana und vor allem in das von den Portugiesen in Besitz genommene Brasilien Eingang gefunden hat. Der von Afrika, insbesondere von dessen westlichen Ländern aus betriebene schwungvolle Negerhandel brachte im 16., 17. und 18. Jahrhundert stets neue Zufuhr an Sklaven nach den genannten amerikanischen Ländern, wo sich in fast allen grösseren Städten öffentliche Sklavenmärkte befanden, und noch unser Jahrhundert liefert Beispiele von solchem Handel mit schwarzer Ware, so dass hiergegen der Papst Gregor XVI. in seinen literae apostolicae de Nigritarum commercio non exercendo vom 3. Dezember 1839[1]) auftreten musste.

Ausser durch Zufuhr von aussen wurde in Amerika die Zahl der Sklaven vermehrt durch Geburt, da die Kinder der Sklavinnen, mochte der Vater ein freier oder unfreier Mann sein, der Sklaverei anheimfielen. Auf viele Millionen war in den genannten amerikanischen Ländern die Zahl der Sklaven gestiegen[2]). Brasilien besass noch im Jahre 1871 deren 1 200 000[3]).

Die Verwendung dieser Sklaven war eine mannigfaltige. Sie waren teils beschäftigt als sogenannte Haussklaven in unmittelbarem Dienste der Herrschaft, zum grösseren Teil aber arbeiteten sie auf den grossen Plantagen. So sah Ebeling, wie er in seiner interessanten Schilderung unter dem Titel „Selbsterlebtes" bemerkt[4]),

---

1) Abgedruckt bei Margraf, a. a. O. Seite 227 fg. In Brasilien wurden 1830 die öffentlichen Sklavenmärkte abgeschafft. Allein die Zufuhr schwarzer Sklaven aus Afrika dauerte dort bis in die siebziger Jahre, wenn dieselbe auch verboten war (Ebeling, a. a. O. Seite 68, Anm. 1).

2) Siehe darüber Ebeling, a. a. O. Seite 14.

3) Vering, Archiv für kathol. Kirchenrecht, Bd. 60 (1888), Seite 225. Anm. 1.

4) a. a. O. Seite 66; daselbst von Seite 60 fg. an Näheres

in Bahia auf 6 grossen Plantagen 15 bis 1600 Sklaven beiderlei Geschlechtes. Auch als Handwerker wurden die Sklaven vielfach verwendet.

Was nun die religiösen Verhältnisse der Sklaven angeht, so waren dieselben auf den genannten Inseln und in den Ländern von Central- und Südamerika fast durchweg Christen, und zwar gehörten sie der katholischen Religion an, welche dort die herrschende war und ist. Schon in den ersten Zeiten, wo die Negereinfuhr in Amerika stattfand, verordnete die Kirche, dass die eingeführten Sklaven in der christlichen Lehre unterrichtet und getauft werden sollten [1]. Diese Bestimmungen traf im Jahre 1585 das vom apostolischen Stuhle bestätigte Provinzialkonzil von Mexiko, dessen Beschlüsse in Mexiko selbst und in ganz Central-Amerika in Geltung waren. Desgleichen war für die in den Seehäfen zum Verkaufe ausgestellten Neger durch Verordnung eines Konzils von Puerto Rico schon vor 1647 Empfang der Taufe und des christlichen Unterrichtes vorgeschrieben, und den Portugiesen war es bei Strafe des Kirchenbannes verboten, Sklaven, welche nicht getauft waren, in Brasilien einzuführen. So versichert auch E b e l i n g in seiner bereits zitierten Schilderung von „Selbsterlebtem" (a. a. O. Seite 65 f.): „Alle Sklaven des Hauses [seiner Verwandten zu Bahia] waren getauft und besassen jedenfalls, schon durch das Zusammenleben in einer guten, christlichen Familie, einige Begriffe vom Christentum; Sonntags wenigstens gingen sie in die gegenüberliegende Kirche zur Messe"; und Seite 66 bemerkt derselbe Verfasser: „Von den auf 6 grosse Plantagen verteilten 15 bis 1600 Sklaven beiderlei Geschlechts waren die meisten getauft, also wenigstens dem Namen nach Christen, und wenn die Zeit der Ernte nicht drängte,

_____ _____

über die Lebensweise. Arbeit und Behandlung der Sklaven in Brasilien.

1) Vgl. zum Folgenden M a r g r a f, a. a. O. Seite 166 fg. (Die christliche Seelsorge).

wurde an Sonntagen nicht gearbeitet." Soweit die für
uns in Betracht kommenden Verhältnisse bezüglich der
Sklaven. Bemerkt sei nur noch, dass gegenwärtig in den
genannten Ländern die Sklaverei nicht mehr besteht. Im
Laufe dieses Jahrhunderts wurde sie dortselbst überall
aufgehoben [1]), zuletzt in Brasilien im Jahre 1888, nachdem
hier bereits im Jahre 1871 die Befreiung der Sklaven angebahnt war [2]).

b) Die ehelichen Verbindungen der Unfreien erfreuten
sich schon von Anfang an des Schutzes der Kirche. So
verbot im Jahre 1582 ein Provinzialkonzil von Lima den
Herren, weder an der Abschliessung noch der Fortsetzung
der Ehen die Negersklaven zu hindern und auch die Eheleute durch Verkauf für immer oder auf längere Zeit zu
trennen. „Als Grund wird angegeben, dass dem natürlichen Gesetze der Ehe durch das bloss menschliche der
Sklaverei kein Eintrag geschehen darf [3]). In dieser Weise
suchte die Kirche wie hier, so auch anderwärts dem christlichen Sklaven die Begründung eines Familienlebens zu
ermöglichen und das letztere auch gegen gewaltsame Ein-
griffe des Herrn sicher zu stellen [4]).

c) Den vorstehenden Ausführungen gemäss war in den
von uns in Betracht gezogenen Ländern (den grossen und
kleinen Antillen, Central- und Südamerika) bei dem Vorhandensein vieler Millionen katholischer Sklaven noch bis
in die neueste Zeit hinein Raum für das kirchliche Ehehinderniss des error conditionis servilis. Allerdings ist

---

1) So sind in den vereinigten Staaten von Columbia die
Neger seit 1852 frei, in den Staaten von Venezuela seit 1857,
ebenso ist die Sklaverei aufgehoben im niederländischen und
britischen Guayana, und in Mexiko ist dieselbe durch die Ver-
fassung ausgeschlossen, siehe Hummel, Handbuch der Erd-
kunde (Leipzig 1876), Bd. II, Seite 1233, 1235, 1261 und 1210.

2) Vering, a. a. O.

3) Margraf, a. a. O. Seite 177.

4) Siehe darüber näher Margraf, a. a. O. Seite 176 fg. (Fa-
milienleben).

mir trotz der eifrigsten Nachforschungen ein konkreter
Fall eines solchen error in jenen Ländern nicht zur Kenntniss gekommen. Hinsichtlich der eherechtlichen Stellung
der Sklaven in Brasilien, wo ja die Sklaverei bis in die
neueste Zeit hinein bestanden hat, habe ich mich um Aus-
kunft an verschiedene Ordensgeistliche gewandt, welche
infolge ihrer Wirksamkeit dortselbst mit den einschlägigen
Verhältnissen hinlänglich bekannt geworden sind [1]). Ihren
Mitteilungen gemäss wurden die Sklaven wenigstens seit
dem Emanzipationsgesetze vom 28. November 1871 in civil-
rechtlicher Hinsicht keineswegs bloss als Sachen betrachtet,
sondern hatten ihre persönlichen Rechte, konnten auch
Vermögen erwerben und dieses auf ihre Kinder vererben
(was selbst von den Müttern hinsichtlich ihrer unehelichen
Kinder galt). Desgleichen konnten die Sklaven sowohl
unter einander wie mit freien Personen eine bürgerlich
wie kirchlich gültige Ehe eingehen. Zu deren Erlaubtheit
war freilich der consensus domini nötig. Die Herren aber
waren nach den constitutiones der Erzdiözese Bahia unter
schwerer Sünde verpflichtet, die Einwilligung in die Ehe
der Sklaven zu geben und die kirchlich verbundenen Eheleute nicht mehr zu trennen. Es musste zwar nach der
in Brasilien geltenden Vorschrift des Konzils von Trient
dem Abschlusse der Ehen das dreimalige kirchliche Aufgebot vorhergehen; allein wenn zu befürchten stand, dass
hierdurch dem Herrn die Möglichkeit gegeben war, die
Eheschliessung etwa durch vorzeitigen Verkauf des einen
Teiles zu verhindern, so erteilte die Bischöfliche Behörde
Dispens vom Erfordernisse der dreimaligen Proklamation.
Man hat jedoch bemerkt, dass die domini im allgemeinen

1) Die diesbezüglichen Mitteilungen verdanke ich dem
Herrn P. Ambrosius Schupp S. J., früher in S. Leopoldo in
der Provinz Rio Grande do Sul, jetzt in Porto Alegre, dem eben-
falls dort wohnenden Herrn P. Alois Keller S. J., sowie dem
Herrn P. Hellbach O. S. S. R., welcher von 1878 an mehrere
Jahre bei der päpstlichen Nuntiatur in Brasilien beschäftigt war.

sich um die Verehelichung ihrer Sklaven fast gar nicht
gekümmert haben.

Was nun insbesondere das impedimentum erroris conditionis anlangt, so haben die genannten, von mir zu Rate
gezogenen Gewährsmänner von Fällen dieser Art nie etwas gehört und auch nichts in Erfahrung bringen können.
Es wäre in der That — ist mir berichtet worden — auch
kaum denkbar gewesen, dass in Brasilien jemand eine unfreie Person hätte ehelichen können, ohne von der conditio servilis derselben Kenntnis zu haben. Denn da dortselbst die Bestimmungen des Konzils von Trient wie hinsichtlich der kirchlichen Angelegenheiten überhaupt so insbesondere auch bezüglich der Ehesachen in Kraft sind, so
muss jede Ehe, falls sie kirchlich gültig sein soll, vor dem
Pfarrer und zwei Zeugen abgeschlossen werden. Ein Pfarrer
in Brasilien aber würde nicht leicht sich dazu herbeige-
lassen haben, einen Neger oder eine Negerin zu trauen,
ohne über deren conditio vorher sorgfältige Erkundigungen
eingezogen zu haben. Auch musste dem Rechte des Trienter Konzils zufolge dem Abschlusse jeder Ehe das dreimalige öffentliche Aufgebot in der Kirche vorhergehen,
sodass es geradezu ausgeschlossen war, dass die conditio
servilis des Sklaven verborgen blieb. Zudem war der unfreie Stand des servus, solange dieser auf den Plantagen
seines Herrn arbeitete, in den betreffenden Gegenden allgemein bekannt. Weiterhin waren Fälle, in denen ein
seinem Herrn entlaufener Sklave in einer anderen Gegend
sich für frei ausgegeben und dadurch eine freie Person
zu einer Ehe mit ihm veranlasst hätte, in Brasilien kaum
möglich. Denn einmal wurde dort den entflohenen Sklaven
seitens der Herren eifrig nachgespürt und andrerseits ward
die Aufnahme solcher Flüchtlinge mit äusserst strengen
Strafen geahndet, so dass es diesen fast nie gelingen
mochte, einen Aufenthaltsort zu finden, wo sie unbehelligt
leben oder gar eine Ehe eingehen konnten. Zu allem
kommt noch der Umstand, dass die Sklaverei lediglich auf
der schwarzen Rasse ruhte und die Weissen daher hin-

sichtlich der Eingehung einer Ehe mit einer farbigen
Person sehr zurückhaltend und vorsichtig waren, abgesehen
davon, dass die Verschiedenheit der Rassen an sich Ehen
zwischen Weissen und Schwarzen schwerlich aufkommen
liess. Auch wird ein freigelassener Neger bei einer Ehe
mit einer Person seiner Rasse sich erst hinsichtlich deren
conditio sorgfältig erkundigt haben.

Diese angegebenen Momente lassen es uns erklärlich
erscheinen, dass über konkrete Fälle des error conditionis
servilis in Brasilien nichts entdeckt werden konnte, sowie
auch, dass solche Fälle dortselbst überhaupt kaum praktisch geworden sind, und wenn wir das nur bezüglich
dieses Landes festgestellt haben, so muss das Gleiche
doch wohl auch von den übrigen oben angeführten Inseln
und Ländern Mittel- und Südamerikas gesagt werden, da
hier dieselben Verhältnisse geherrscht haben wie in Brasilien.

§ 11.
Sklaverei in Nordamerika.

a) Wie in Südamerika, so bestand die Negersklaverei
in ausgedehntem Masse auch in Nordamerika, und zwar
in den Südstaaten der Union, in Louisiana, Mississippi,
Alabama, Georgia, Südkarolina, Virginien und Maryland.
Erst der Krieg von 1861—1865, in welchem die Nord-
staaten die Abschaffung der Sklaverei erkämpften, brachte
gegen 4 Millionen Sklaven die Freiheit [1]).

Die Lage der Sklaven in den genannten Staaten war
im allgemeinen eine wenig günstige gewesen. Gesetzlich
war es verboten, dieselben zu unterrichten, und auch die
Ausübung der Religion war ihnen sehr erschwert [2]). Ja
der grösste Teil der aus Afrika importierten Sklaven ist

---

1) Ebeling, a. a. O. Seite 14.
2) Franc. Patr. Kenrick archiepiscopus Baltimorensis,
Theologia moralis (Mechliniae 1860), Vol. 1, tract. 5, cap. VI,
num. 38, pag. 166.

einfach ohne Taufe geblieben, lebte also im Mohammedanismus oder Heidentum fort [1]). Den katholischen Herren
war es freilich von ihrer Kirche zur Pflicht gemacht, die
Kinder ihrer Sklaven taufen zu lassen, wenn auch nur der
eine Eheteil katholisch war [2]), und gewiss sind die domini
dieser im Gewissen wurzelnden Verbindlichkeit auch nach-
gekommen. Geradezu als Vieh wurden die Sklaven von
den sog. „Negerbaronen" betrachtet. Letztere errichteten
Sklavenzüchtereien in der Weise, dass sie ihre Sklaven
und Sklavinnen zusammenleben liessen und die Kinder verkauften oder vertauschten, ohne Rücksicht auf die Eltern
zu nehmen. In Südkarolina, Louisiana und Virginien waren solche Sklavenzüchtereien zahlreich vorhanden, manche
von ihnen zählte mehr als 1500 Köpfe [3]). Diese und ähnliche Verhältnisse hat wohl auch der Erzbischof Kenrick von Baltimore im Auge, wenn er bemerkt: De
servorum matrimoniis plerumque difficile iudicatur: saepe
enim consuetudinem inter se fovent, nullo coniugii animo,
vel se coniuges appellant, quamdiu uterque rite se gesserit
vel donec domini eos separaverint: alias videntur perpetuum velle inire consortium; sed utrum vinculo priori liberi
sint, vix sciri potest. Si constet eos aliquando serio iniisse
coniugium, animo sese in perpetuum obligandi, validum
habendum erit: nec ad alias nuptias transire licebit, donec
de coniugis prioris morte constiterit. Ceterum plerique
eorum contractus non habent coniugii vim, quum animus
vinculi perpetui contrahendi illis desit, et conditio consensui apponatur: quapropter qui ad fidem catholicam ve-
niunt, vel ad bonam frugem rediguntur, non sunt statim co-
gendi ut deserant quam coniugis nomine invisunt, etsi aliae,
cum quibus iam consueverunt, in vivis degant, vel de earum
morte non constet; sed res diligenter investiganda est [4]).

---

1) Margraf, a. a. O. Seite 175 und 176.
2) Kenrick, l. c. tract. 8, cap. IV, num. 100, pag. 248.
3) Ebeling, a. a. O. Seite 14, Anm. 1.
4) Kenrick, l. c. Vol. II, tract. 21, cap. V, num. 141, pag. 315.

Hiernach ist bei der Aufnahme von Sklaven in die katholische Kirche gegebenen Falles eine genaue Untersuchung darüber erforderlich, ob ihrem Verkehre mit Personen des anderen Geschlechtes ein rechtlicher Wille, mit diesen in einer Ehe zu leben, zu Grunde liege.

Zu der ehelichen Verbindung von Sklaven bedurfte es nach den massgebenden Gesetzen der Einwilligung des Herrn, und schwere Strafen waren demjenigen angedroht, der es unternahm, Sklaven zu Eheleuten zu machen, ohne dass der consensus domini vorlag. Daher empfiehlt der erwähnte Erzbischof den katholischen Geistlichen, keine Trauung von Sklaveneheleuten vorzunehmen, bevor nicht der Herr seine Einwilligung erteilt habe, obwohl nach dem Kirchenrechte eine solche nicht erforderlich war.

Sollte der Herr seinen Konsens verweigern, so war es nach den Lehren der Moral den Sklaven gestattet, ohne Mitwirkung des Geistlichen unter einander eine Ehe zu begründen [1]). Im übrigen wurde den Herren seitens der Kirche zur Pflicht gemacht, die einmal rite geschlossene Ehe ihrer Sklaven bestehen zu lassen und sich aller Massnahmen (z. B. des Verkaufes des einen Teiles) zu enthalten, welche die eheliche Gemeinschaft hätten zerstören können [2]). In der That haben die katholischen Eigentümer in den nordamerikanischen Sklavenstaaten diese Lehre ihrer Kirche treu befolgt, obgleich die bürgerliche Gesetzgebung ihnen die Befugnis gab, die unfreien Eheleute durch Verkauf zu trennen [3]).

Auch bestand in einigen Staaten zwischen dem kirchlichen und weltlichen Rechte insofern ein Gegensatz, dass nach letzterem die Ehe zwischen Personen der weissen Rasse und Negern verboten und die gleichwohl abgeschlossene nichtig war, während eine Verbindung dieser Art

---

1) Kenrick, l. c. Vol. II, tract. 21, cap. V, § 2, num. 140, pag. 315; Vol. I, tract. 8, cap. IV, num. 96, pag. 247.

2) Kenrick, l. c. Vol. I, tract. 8, cap. IV, num. 96, pag. 247.

3) Margraf, a. a. O. Seite 177.

nach dem Rechte der Kirche selbstredend Gültigkeit hatte. Freilich glaubt Erzbischof Kenrick bemerken zu sollen: Ceterum non decet sacerdotem suam operam iis coniungendis praestare [1]). Sicherlich hat auch die opinio publica, welche Ehen zwischen Weissen und Farbigen perhorreszierte, das Ihrige dazu beigetragen, dass solche Verbindung nicht begehrt und angestrebt wurde [2]).

b) Dem bisher Gesagten zufolge konnte in Nordamerika bei dem Vorhandensein beträchtlicher Sklavenmassen das Ehehindernis des error conditionis servilis recht wohl noch Platz greifen, mochte nun bei solchen Ehen der unfreie Teil katholisch oder heidnisch, bezw. mohammedanisch sein. In Wirklichkeit werden jedoch meines Erachtens solche Fälle kaum einmal eingetreten sein. Denn abgesehen davon, dass die weisse Gesellschaft — wie bereits bemerkt ist — an sich schon vor Vermischung mit Negerblut sich gehütet haben mag, wie dies ja auch in anderen Ländern, wo Weisse und Farbige neben einanderwohnen, z. B. in Indien, zu beobachten ist, hätte eine Person der weissen Rasse, falls sie wirklich einmal eine Ehe mit einem Neger oder einer Negerin einzugehen beabsichtigt haben würde, ohne Zweifel vorher über die conditio ihres Mitcontrahenten genaue Erkundigungen eingezogen, da ja gegen den Neger die Vermutung der Unfreiheit stritt. Das Letztere würde ohne Zweifel auch ein freigelassener Neger gethan haben, wenn er eine Ehe mit einer Person seiner Rasse zu schliessen beabsichtigte. Am ehesten hätte ein Negersklave über seine conditio die pars altera täuschen können in dem Falle, wo er seinem Herrn entflohen war [3]) und anderswo sich für frei ausgab. Allein aus denselben

1) Kenrick, l. c. Vol. II, tract. 21, cap. V. num. 142, pag. 315.
2) Kenrick betont an der in der vorigen Note angeführten Stelle die opinio publica, welche den Verbindungen zwischen Weissen und Negern entgegenstand.
3) Einen solchen Fall nimmt auch Erzbischof Kenrick l. c. Vol. II, tract. 21, cap. V, § 2, num. 140, pag. 314 an: Si mulier libera nupserit viro, quem putabat liberum, qui tamen

Momenten wie wir sie oben (Seite 80 f.) bereits in Brasilien kennen gelernt haben, wird es in Nordamerika einem entlaufenen Negersklaven kaum möglich gewesen sein, in einer anderen Gegend ruhig zu leben oder gar eine Ehe einzugehen.

Es konnte übrigens in Nordamerika noch folgender Fall eintreten, der in Spanien (Seite 74 f.) und in den heidnischen oder mohammedanischen Ländern Asiens (z. B. in Arabien Seite 94 fg.) und Afrika seine Analogie hat. Ein freigelassener Neger, der in dem Heidentume oder dem Mohammedanismus verblieben war, schloss eine Ehe mit einer der einen oder anderen dieser beiden Religionen angehörenden unfreien Person, welche er für frei hielt. Nachher trat er zur katholischen Kirche über, während seine Gattin, im Unglauben verharrend, die eheliche Gemeinschaft sine contumelia creatoris fortzusetzen bereit war. Hiernach wäre die Ehe an sich nach wie vor bestehen geblieben [1]), wenn eben nicht der error conditionis servilis nach dem kirchlichen Rechte die Nichtigkeit der Verbindung herbeigeführt haben würde. Wie aber, wenn die pars servilis den katholischen Glauben annahm und der freie Eheteil, im Heidentum verbleibend, die eheliche Gemeinschaft fortzusetzen bereit war? Griff hier das kirchliche Impediment des error conditionis servilis Platz? Offenbar nicht. Denn da dieses lediglich in der positiven Bestimmung der Kirche seinen Ursprung besitzt (siehe oben Seite 33 fg.), nicht aber im ius naturale seu divinum seine Quelle hat und im Interesse bloss der freien Mitglieder der Kirche festgesetzt ist, also die Heiden nicht berührt, so gilt es für die letzteren nicht; eine solche Ehe wäre nach dem kirchlichen Rechte offenbar giltig gewesen.

---

deinceps, unde aufugerat, reductus est, ipsa vinculo omni matrimonii soluta habetur.

1) Schulte, a. a. O. Seite 201 fg.

III. Kapitel.

Sklaverei in Asien und Afrika.

§ 12.

1) Sklaverei in Asien.

a) Das chinesische Recht behandelt die Sklaven mit Milde und schützt dieselben gegen Misshandlung seitens der Herrn [1]. Die eherechtliche Stellung der Unfreien freilich ist eine sehr niedrige: mit freien Personen können sie keine Ehe eingehen. „Was die Ehevoraussetzungen betrifft, so kommt in erster Reihe das *impedimentum libertatis* in Betracht: Die Ehe eines Sklaven mit einer Freien ist nichtig und zieht für denjenigen, welcher sie wissentlich veranlasst, Strafe nach sich" [2]. Die Geschlechtsverbindung eines Sklaven mit einer freien Frau wird höher als normal bestraft, die eines freien Mannes mit einer Sklavin dagegen milder [3].

Aus dem Gesagten erhellt, dass rücksichtlich der Ehe einer freien Person mit einer unfreien der error conditionis servilis nach chinesischem Civilrecht unerheblich ist, da ja an sich schon eine solche Verbindung nach dem Gesetze nichtig ist [4].

b) In Japan hat es Sklaverei nie gegeben [5].

------

1) Kohler, Rechtsvergleichende Studien, Berlin 1889, Seite 182 (§ 4) und in Zeitschrift für vergleichende Rechtswissenschaft, Bd. VI, S. 362.

2) Kohler, Zeitschr. für vergl. Rechtswissenschaft Bd. VI, S. 369.

3) Kohler, Zeitschr. für vergl. Rechtswissenschaft Bd. VI, S. 363.

4) Wie mir übrigens der Apostolische Provikar von Shen-Si, Herr Dr. Paul Pollak, welchen ich hier in Limburg zufällig einmal traf, versicherte, giebt es in China seit vielen Jahren keine Sklaven mehr.

5) Friedrichs, Zeitschrift für vergl. Rechtswissenschaft Bd. X (1892), Seite 368, § 7: Gesinderecht. Kohler bemerkt

c) In Korca zerfällt die Bevölkerung in den Adel, die gemeinen Freien und die Sklaven. Letztere werden gut behandelt, besitzen häufig ein peculium und haben damit die Möglichkeit, sich loszukaufen. Schutz gegen die Gewalt der Herren gewähren ihnen die Gerichte [1]). Hinsichtlich der Geschlechtsverhältnisse der Sklaven auf Korea gibt uns nachstehender von der S. Congregatio S. Officii unterm 12. September 1855 entschiedener Fall Kenntnis. Der apostolische Provikar von Korca hatte nämlich folgenden Thatbestand vorgetragen: Mancipia apud infideles non proprie dictum matrimonium contrahunt, sed herus servam nubilem habens volentem virum advocat, nullo feminae interrogato consensu; filii qui nascuntur ad herum pertinent; masculus vero advocatus nullo ligamine detinetur et ad libitum discedit, ita ut femina pluribus successive eodem iungatur. Porro huiusmodi fornicarias coniunctiones nullam veri matrimonii rationem habere sine tergiversatione pronuntiavi et iuxta decisionem hanc aliqua iam matrimonia ad fidem conversorum rite fuerunt contracta. Nunc vero propter aliquorum dubium humiliter rogo, ut peremptorium responsum detur, et quae contracta fuerunt matrimonia, si quod supersit dubium, quod mihi non videtur, in radice sanentur. Die Entscheidung lautete: Iuxta exposita, dummodo in singulis matrimoniis praecedentibus baptismum non interfuerit reciprocus matrimonialis consensus, acquiescat [2]). Auch christliche Herren finden wir im Besitze von heidnischen Sklaven. Es scheint aber, dass bei denselben die Gewohnheit herrschte, solche Unfreie zur

---

freilich hierzu ebenda Anm. 30, dass für die ältere Zeit dies jedenfalls nicht richtig sei, da noch im Jahre 702 n. Chr. in Japan Sklaverei vorfindlich sei.

1) Kohler, Zeitschrift für vergleichende Rechtswissenschaft Bd. VI (1886), Seite 401.

2) Collectanea S. Congregationis de Propaganda Fide seu decreta, instructiones, rescripta pro apostolicis missionibus ex tabulario eiusdem S. Congregationis deprompta, Romae 1893, pag. 436.

Annahme der christlichen Religion zu bewegen. Das ergibt sich aus folgendem der S. Congregatio S. Officii vorgetragenen und von dieser unterm 29. April 1840 entschiedenen Falle. Ein Missionar in Korea hatte berichtet: Unus christianus consulit me, an posset gentilibus vendere unum mancipium, quod malae indolis est *et nihil vult audire de religione sancta nostra.* Si christianis illud non potest vendere nec liberum dimittere, pacificis gentilibus vendere posse respondi. Quid erat respondendum? Die Antwort lautete: In casu, de quo agitur et dummodo mancipium non sit baptizatum, dominum non esse inquietandum [1]).

Nach dem Gesagten gab es bis in die neuste Zeit hinein in Korea, wo bereits über 100 Jahre eine katholische Mission besteht, neben christlichen Freien auch christliche (katholische) Sklaven, und sind dortselbst deren vielleicht heutzutage noch anzutreffen, so dass Fälle des error conditionis servilis bei christlichen Ehen auf jener Halbinsel nicht ausgeschlossen waren und sind.

d) Endlich möge noch anhangsweise des Wunderlandes Indien wegen des dort herrschenden Kastenwesens, das ja die einzelnen Volksklassen ebenso streng von einander scheidet wie solches der Sklaverei eigen ist, und das gleich dieser sich auch besonders auf dem Gebiete des Eherechtes geltend macht, Erwähnung gethan werden. Nach den alten indischen Rechtsbüchern wird die Vermischung einer höher gebornen Frau mit einem Manne einer niederen Kaste, insbesondere mit einem Çûdra — die Çûdras waren die von den Ariern unterworfenen schwarzfarbigen Ureinwohner und wurden als eine niedere, geringere Rasse behandelt — im höchsten Masse missbilligt, was sich insbesondere darin kund gibt, dass die aus solchen Verbindungen stammenden Kinder nicht einmal den Stand des Vaters erben, sondern tief unter denselben sinken und als Verworfene angesehen werden.

---

1) Collectanea S. Congregationis de Propaganda Fide etc. pag. 826.

Dagegen wurden in den Rechtsbüchern die Verbindungen von Männern höherer Klassen mit Frauen niederen
Ranges (ausgenommen mit einer Çûdra) geduldet. In der
heutigen Zeit aber, wo gegen diese früher beobachtete
mildere Handhabung des Kastenunterschiedes in Indien
eine Reaktion eingetreten ist und die einzelnen Kasten in
allen Lebensverhältnissen auf eine in früheren Zeiten nicht
geübte Weise von einander sich abschliessen, gilt die che-
liche Verbindung mit einer Person des anderen Kasten-
kreises allgemein nicht bloss als ungehörige, tadelnswürdige
Missheirat, s o n d e r n s i e i s t i n u n s e r e m „e i s e r n e n"
Z e i t a l t e r v o l l k o m m e n u n t e r s a g t, u n d n i c h t
n u r u n t e r s a g t, s o n d e r n w e n n a b g e s c h l o s s e n,
n i c h t i g; dies gilt in besonderer Strenge in Bengalen,
weniger streng im Süden [1]).

Dem Gesagten zufolge würde in Indien bei einer Ehe
der Irrtum des einer höheren Klasse angehörenden Teiles
bezüglich des geringeren Standes seines Mitkontrahenten
rechtlich belanglos sein, da ja eine Ehe in diesem Falle
an sich nicht zustande käme.

Sklaven gab und gibt es in Indien nach der Mitteilung eines von mir befragten, dort längere Zeit thätig ge-
wesenen Missionars nur wenige. Die etwa vorhandenen
sind aus Afrika eingeführt und gehören dem Heidentume
oder Mohammedanismus an. Sie werden als Haussklaven
beschäftigt.

Ähnliche Erscheinungen, wie wir sie in Indien hinsichtlich der eherechtlichen Verhältnisse angetroffen haben,
finden sich auf Ceylon bei den Tamulen, die aus Indien
dort eingewandert sind. Auch bei diesen herrscht das
Kastenwesen, und es dürfen die Kasten nicht in einander
heiraten. Sklaven, welche nicht völlig rechtlos sind und
ein auf ihre Kinder vererbliches Pekulium erwerben können, sind dort vorhanden. Unter diesen gilt Mutterrecht;

---

[1] Zum Gesagten vgl. K o h l e r, Zeitschrift für vergl. Rechtswissenschaft Bd. III (1882): Indisches Ehe- und Familienrecht,
Seite 368 fg.

d. h. das Kind fällt in das Eigentum des Herrn der Sklavin. Daher gestatten die domini ihren Sklaven eine eheliche Verbindung meist nur mit Sklavinnen, welche gleichfalls in ihrem Eigentume stehen [1]). Ehen zwischen Freien und Sklaven scheinen bei dem von den Tamulen streng festgehaltenen Unterschiede der Klassen dort unstatthaft zu sein.

Auch das Recht der Kands oder Cingalesen auf Ceylon kannte Freie und Sklaven. Die Kinder der Sklavinnen folgten dem Stande der Mutter (partus sequitur ventrem), und es galt hier der Rechtssatz, der in gewissem Sinne auch anderswo seine Analogieen hat, nämlich: wer mit einer Sklavin Verkehr unterhielt, galt während dieser Zeit als quasi unfrei [2]): der Herr der Sklavin war befugt, seine Dienste zu benutzen, und wollte er aus seiner unfreien Lage sich befreien, so musste er allen inzwischen gemachten Erwerb zurücklassen [3]). Hiernach muss man annehmen, dass bei den Kands Ehen zwischen Freien und Sklaven rechtlich unmöglich waren, der error conditionis servilis bei etwaigen Verbindungen solcher Art also keine Bedeutung hatte.

§ 13.
2) Sklaverei in Afrika (und Asien).

Im Nachstehenden soll die in den bezeichneten beiden Erdteilen leider noch heutzutage bestehende Sklaverei des Islam und des Heidentums in den Kreis der Darstellung

---

1) Kohler, Rechtsvergl. Studien, Seite 214. Der Verfasser schöpft seine diesbezüglichen Angaben aus dem Thesawaleme, einer auf Befehl des holländischen Gouverneurs (de dato 14. August 1704) zusammengestellten und von diesem untern 4. Juni 1707 bestätigten Sammlung der tamulischen Gewohnheitsrechte (Kohler, ebenda S. 212).

2) Dieser Satz erinnert an das deutsche Rechtssprüchwort: Trittst Du mein Huhn, so wirst Du mein Hahn (oben S. 55).

3) Kohler, a. a. O. Seite 231.

hereingezogen und dabei insbesondere die hier bezüglich der Sklavenehen in Frage kommenden Verhältnisse berücksichtigt werden.

a) Wie wir in den §§ 8 und 9 bereits gesehen haben, machten die Moslemen die während eines Krieges im Lande eines ungläubigen Feindes gefangenen Leute zu Sklaven. Diese Praxis war bei den zahlreichen Kriegen und Kämpfen mit den Christen im Mittelalter und noch bis ins 18. Jahrhundert hinein eine ergiebige Quelle für die Sklaverei des Islam. Heutzutage ist diese freilich versiegt. „Indessen ist es gegenwärtig fast in allen von Moslemen bewohnten Ländern üblich geworden, Negersklaven zu halten, welche weder im Kriege noch im feindlichen Lande gefangen genommen, sondern mit List und Gewalt in den Zustand der Unfreiheit gebracht worden sind. Ebenso werden jetzt, den Grundprinzipien des Islam zuwider, erwachsene Personen und Kinder freien Standes in die Sklaverei verkauft" [1]).

Es ist ja eine bekannte Thatsache, dass noch in unseren Tagen Anhänger des Islam, insbesondere die Araber, wenn auch Dank der von Kardinal Lavigerie hervorgerufenen Antisklavereibewegung und Dank dem Einschreiten der europäischen Regierungen nicht mehr in demselben Masse wie in den verflossenen Jahren, jene schändlichen Raubzüge in die Gebiete des inneren Afrikas unternehmen und dort erhebliche Mengen von Negern zu Sklaven machen, die dann an die Moslemen Afrikas und Asiens verkauft und von diesen in mannigfaltiger Weise verwandt werden. Insbesondere sind die im und am Sudan gelegenen Heidenländer, die Gegenden am oberen Nil, am Tanganjikasee sowie das Gebiet des oberen Kongo der Schauplatz jener Greuelthaten gewesen und sind es zum Teil noch

---

1) Nicolaus von Tornauw, Das moslemische Recht (Leipzig 1855), Seite 177, wo auch bemerkt ist, dass in den russisch-transkaukasischen, von Moslemen bewohnten Provinzen die Sklaven, deren Zahl äusserst gering sei, ohne Ausnahme der schwarzen Rasse angehörten.

heute. Von hier aus werden die Negersklaven grossenteils nach dem Norden Afrikas (Algier, Tripoli, Fessan) [1]) und nach Aegypten gebracht und verkauft. Solche Verkäufe finden statt in der Nähe von Kairo und besonders in Tanta, der Hauptstadt des Nildeltas, wo bei Gelegenheit der alljährlich dreimal dort stattfindenden zahlreich besuchten Messen regelmässig Hunderte, wenn nicht Tausende von Sklaven an die aus ganz Aegypten, Arabien und anderen mohammedanischen Ländern zusammengeströmten Käufer verhandelt werden [2]). Ein anderer Teil der Sklaventransporte wird an die Häfen des Roten Meeres geleitet, von da nach Arabien (namentlich nach der Küstenstadt Djidda) übergesetzt und nach dem Innern dieses Landes, ferner nach Persien, Bagdad und Damaskus weiter verkauft [3]). Auch findet, obgleich in der Stille, noch Handel mit geraubten Sklaven in Sansibar statt.

Es nehmen nun die an mohammedanische Herren in Afrika und Asien verkauften Negersklaven, freiwillig oder gezwungen von ihrem dominus, den Mohammedanismus an und treten so unter die Herrschaft des Korans und des auf diesem beruhenden Rechtes des Islam. Letzteres hat für die Geschlechtsverbindungen der Sklaven feste Regeln aufgestellt. Hiernach sind die Ehen zwischen freien Männern und Sklavinnen zulässig [4]), wenn auch tadelnswert. Voraussetzung für dieselben ist der consensus domini. Es ist dem freien Manne auch gestattet, unter den vier zu-

---

1) Vgl. hierzu Gustav Nachtigall, Sahara und Sudan (Berlin 1879), Teil I, Seite 131 fg.

2) Ebeling, a. a. O. Seite 82.

3) Ebeling, a. a. O. Seite 77 und 78.

4) In der 4. Sure des Koran heisst es: „Du kannst dir soviel Weiber nehmen, als dein Vermögen gestattet. — Wer aber kein genügendes Vermögen besitzt, um freie und gläubige Frauen zu heiraten, der nehme Sklavinnen, die gläubig geworden sind" (aus dem interessanten, im Verlage von W. Helmes zu Münster i. W. 1892 erschienenen Schriftchen: Meine Brüder, die Neger in Afrika. Von einem Neger, früherem Sklaven, jetzigem Missionär, Seite 39).

ständigen Ehefrauen eine Sklavin (und nach der Schicah
deren zwei) zu haben. Verboten dagegen ist demselben
die Verheiratung mit einer Sklavin, wenn er bereits eine
freie Frau hat; eine solche Ehe wäre nichtig, es müsste
denn sein, dass die Freie ihre Einwilligung gebe. Dies
gilt nach schiitischer, schafiitischer und malekitischer
Rechtsanschauung. Dahingegen darf der Mann, der bereits eine Sklavin hat, eine Freie hinzuheiraten. Lebt
eine Sklavin in der Ehe, so kann der Herr ihre Dienste
nur für den Tag beanspruchen, während er sie für die
Nacht ihrem Gatten überlassen muss. Letzterer hat auch
das Recht, seine unfreie Ehefrau zu begleiten, sobald deren
Herr sie mit auf Reisen nimmt [1]).

Ebenso darf der Sklave mit einer freien Frau sowie
mit einer Sklavin eine eheliche Verbindung eingehen,
wozu stets die Einwilligung des, bezw. der Herren gefordert wird. Dem Sklaven stehen nach hanefitischer und
schafiitischer Ansicht nur zwei Frauen zu; die Schiiten
gestatten ihm zwei freie Frauen oder vier Sklavinnen, die
Malekiten die gleiche Anzahl wie dem Freien [2]).

Unzulässig ist jedoch die Ehe des Sklaven mit der
eigenen Herrin ebenso wie diejenige des dominus mit der
in seinem Eigentum stehenden Sklavin, da Eherecht und
Sklaveneigentum einander sich ausschliessen [3]) — ein Satz,
der auch in anderen Rechten (z. B. dem römischen, deutschen) seine Analogie findet.

Kinder aus zu Recht bestehenden Sklavenehen teilen
nach Abu Hanifah die Rechtslage der Mutter, nach der
Schicah folgen sie der besseren Hand, vorausgesetzt, dass

---

1) Vgl. hierzu Friedrichs, Das Eherecht des Islam in
Zeitschrift für vergl. Rechtswissenschaft, Bd. VII (1887) — IV.
Sexualrecht der Unfreien — § 39, Seite 275 und 276, sowie
Kohler, Rechtsvergl. Studien, Seite 35 und 39.

2) Friedrichs, a. a. O. § 40, Seite 276, Kohler, a. a. O.
Seite 34.

3) Friedrichs, a. a. O. Seite 277, Kohler, a. a. O. Seite 35.

bei Abgabe des consensus seitens des Herrn nicht andere Vereinbarungen getroffen werden [1]).

Das islamitische Recht enthält auch für solche Fälle Bestimmungen, in denen eine freie Person einen Sklaven oder eine Sklavin heiratet in der Meinung, dass sie frei seien: nach schiitischer und malekitischer Rechtsanschauung sind nämlich solche Ehen auflösbar. Wird eine solche Verbindung vor ihrer Konsumation aufgelöst, so erhält die Frau den mahr (d. h. den Kaufpreis, mit welchem der Mann dem Kaufcharakter der Ehe gemäss die Frau sich erkaufen musste) nicht; ist dagegen die Ehe bereits vollzogen, so ist der volle mahr zu entrichten. Waltet auf Seiten der freien Frau der error conditionis servilis ob, so sind die Kinder frei; ist aber der irrende Teil ein freier Mann, so sind die Kinder Sklaven, jedoch ist der Vater verpflichtet, sie von dem dominus ihrer unfreien Mutter loszukaufen [2]).

Einen Fall von error conditionis servilis bei einer mohammedanischen Ehe hat mir der bereits erwähnte Herr Dr. Paul Pollak, Apostolischer Provikar von Shen-Si (in China), bei seinem neulichen Aufenthalte in hiesiger Stadt mitgeteilt. Derselbe hatte von diesem Falle im Jahre 1888 zu Aden (in Arabien), wo er, von China nach Europa reisend, in der daselbst befindlichen Missionsstation der Kapuziner kurze Zeit weilte, durch einen der dortigen Patres Kenntnis erhalten. Soweit die Erinnerung meines Gewährsmannes reichte, war der Sachverhalt folgender: Ein innerhalb des Missionsbezirkes Aden wohnender Mohammedaner lebte in ehelicher Verbindung mit einer ihrem in weiter Ferne wohnenden Herrn entflohenen Sklavin, ohne von deren conditio servilis Kenntnis zu haben. Der freie Mann nahm den katholischen Glauben an; die heidnisch gebliebene unfreie Gattin war — wie die nach kirch-

---

1) Friedrichs, a. a. O. Seite 279.
2) Koher, a. a. O. Seite 40, Friedrichs, a. a. O. § 43, Seite 278 fg.

licher Rechtsvorschrift vorgenommene interpellatio coniugis
infidelis [1] feststellte — bereit, das eheliche Zusammenleben
absque contumelia creatoris fortzusetzen: sonach würde
die Ehe Bestand behalten haben, wenn nicht auf seiten
des gläubig gewordenen Ehemannes eben der error conditionis servilis obgewaltet hätte, welchen dieser denn auch
beim zuständigen kirchlichen Gerichte geltend machte.
(Er würde freilich, auch wenn er den mohammedanischen
Glauben beibehalten hätte, dem oben Vorgetragenen gemäss
nach islamitischem Rechte ebenfalls die Befugnis zur Lösung der Ehe gehabt haben.) Soviel nur vermochte mir
der genannte Herr, dessen Glaubwürdigkeit ausser allem
Zweifel steht, bezüglich des vorliegenden Falles zu berichten [2]).

Hieraus geht hervor, dass und in welcher Weise
heutzutage noch in den von Mohammedanern bewohnten
Ländern und Gegenden Asiens und Afrikas, wo ja — wie
wir gesehen haben — gegenwärtig noch zahlreiche Sklaven in moslemitischer Religion leben, das kirchliche Ehehindernis des error conditionis servilis Platz greifen kann.

Ueberall wirken in den bezeichneten Ländern katholische Missionare zur Bekehrung nicht bloss der Heiden,
sondern auch der Mohammedaner. Auf jene Länder ver-
teilen sich in der Gegenwart die apostolischen Vikariate
Aegypten, Abessinien, Galla, Sansibar, Sahara, die alge-
rische Kirchenprovinz (mit der Metropole Algier und den
Suffraganbistümern Oran und Constantine), die apostolischen

---

1) Siehe über diese Schulte, a. a. O. Seite 201 fg.

2) Um nähere Mitteilungen über diesen Fall zu erhalten,
hatte ich mich an den Apostolischen Vikar zu Aden, Herrn Bischof L. Lasserre O. Cap., vor einiger Zeit brieflich gewandt.
Derselbe vermochte hierüber mir leider — wie er unterm 7. November 1895 berichtete — aus Mangel an einschlägigem Akten-
material nichts Näheres mitzuteilen, glaubt aber die Möglichkeit und Wirklichkeit des oben dargestellten Falles nicht in
Abrede stellen zu dürfen. Vielleicht war der Ehemann auch
bewogen worden, die Klage zurückzunehmen, so dass die Sache
gar nicht zur gerichtlichen Verhandlung gekommen ist.

Präfekturen Tripoli, Marokko und Süd-Sansibar. Es ist in der That durchaus nicht ausgeschlossen, dass in diesen Missionsbezirken noch heutzutage genau solche Fälle, wo das kirchliche Ehehinderniss des error servilis conditionis Platz greift, vorkommen, wie wir deren einen aus dem apostolischen Vikariate Aden kennen gelernt haben [1]). Interessant wäre noch der Fall, in welchem die pars servilis den katholischen Glauben annahm, während der freie über deren Sklavenstand im Irrtum sich befindende Teil im Mohammedanismus verblieb, aber die eheliche Gemeinschaft fortzusetzen bereit war. Nach dem Seite 85 Gesagten lag hier nach kirchlichem Rechte eine giltige Ehe vor; allein der freie Teil hat nach dem Rechte des Islam die Befugnis zur Anfechtung der Verbindung (Seite 94).

b) Neben den mohammedanischen Sklaven fanden und finden sich in Asien und vor allem in Afrika auch erhebliche Mengen heidnischer Negersklaven vor. Letztere waren und sind in grosser Zahl u. a. vornehmlich in den Negerreichen des Sudan anzutreffen, so in Haussa, Bornu, Bagirmi und Adamaua [2]), dem Grenzlande von Kamerun, sodann in Nubien, am oberen Nil, bei den Galla und in den um den Tanganjikasee liegenden Landschaften. Ihre Besitzer sind die mohammedanischen Sultane und Vasallenfürsten sowie die heidnischen Negerhäuptlinge und sonstige wohlhabende Eingeborne der fraglichen Länder. Die Quelle der Sklaverei bilden feindliche Einfälle und Raubzüge, welche die Genannten im Verein mit den Arabern in die ihnen benachbarten Heidenländer machen. Zudem wird die Zahl der Sklaven vermehrt durch Abstammung von Sklavinnen und durch den Sklavenhandel, durch welchen hauptsächlich die Araber Negersklaven aus ent-

---

1) Auch in Spanien und Nordamerika waren die Voraussetzungen für solche Fälle gegeben, siehe oben Seite 74 f. und 85.

2) Hummel, a. a. O. Seite 1095; Nachtigall, a. a. O. Seite 701; Adamaua, Bericht über die Expedition des deutschen Kamerun-Komités in den Jahren 1893—1894 von Dr. Siegfried Passarge (Berlin 1895), Seite 217, 218, 261, 262 und 266.

fernter liegenden Gegenden einführen. Die Sklaven sind
vielfach in Kolonien angesiedelt und bebauen die Felder
ihrer Herren; auch werden sie im Hause verwandt, und
zwar hier vor allem die Sklavinnen zur Bedienung der
Frauen ihrer Gebieter.

Soweit als möglich suchen die katholischen Missionare
die Sklaven zu befreien, wobei ihnen die europäischen
Regierungen wirksam zur Seite stehen, und darnach zum
Christentum zu bekehren. So wird in der zum apostolischen Vikariate Tanganjika gehörigen Station Karema,
welche auf dem der deutschen Herrschaft unterworfenen
Ufer des Tanganjikasees liegt und von den weissen Vätern
geleitet wird, nach dem Berichte des Afrikavereins deutscher Katholiken pro 1894 [1]) besonders für befreite Sklaven
die Fürsorge geübt. Im Jahre 1893 konnten daselbst nicht
weniger als 200 befreite Sklavenkinder Aufnahme finden.
Auch im Gebiete der beiden zu Deutsch-Ostafrika gehörenden Missionsbezirke Nord- und Süd-Sansibar wendet
sich nach dem erwähnten Berichte des Afrika-Vereins
deutscher Katholiken die Missionsthätigkeit der Befreiung
von Sklaven zu. So befanden sich 1894 in Bagamoyo,
der von den Vätern vom hl. Geist geleiteten Hauptstation
des apostolischen Vikariates Nord-Sansibar, 60 befreite
Sklaven, die zum Christentume bekehrt wurden, und auch
das innerhalb der apostolischen Präfektur Süd-Sansibar
liegende Missionshaus St. Joseph in Dar-es-Salaam, welches
der St. Benediktus-Missions-Genossenschaft (Mutterhaus in
St. Ottilien, Oberbayern) gehört, befasst sich mit der Aufnahme befreiter erwachsener Sklaven, welche in einer besonderen Ansiedelung untergebracht sind [2]). Auch hat

1) Abgedruckt in der Zeitschrift „Kreuz und Schwert im
Kampfe gegen Sklaverei und Heidentum". herausgegeben von
W. Helmes (der sich um die Antisklavereibewegung sehr
verdient macht), Münster i. W., 2. Jahrg. 1894, Seite 194 fg.

2) Einen Fall, wo ein heidnischer Sklave von einem katholischen Missionar befreit wurde. liefert die interessante Lebensgeschichte des Verfassers des Seite 92, Note 4 citierten Schrift-

mir ein Pater des zu Limburg a. d. Lahn befindlichen
Missionshauses der Pallottiner, welche innerhalb des deutschen Schutzgebietes von Kamerun die Mission ausüben,
mündlich mitgeteilt, dass er bereits eine Anzahl Sklaven
aus den Kamerun benachbarten Ländern während der Zeit
seiner dortigen Wirksamkeit befreit habe.

Was nun die ehelichen Verhältnisse der heidnischen
Sklaven in Afrika anlangt, so werden wir über dieselben
unterrichtet durch eine diesbezügliche Entscheidung der
S. Congregatio S. Officii vom 20. Juni 1866, welche für
solche Fälle erlassen ist, wo heidnische Sklaven unter
christlichen Herren lebten, was heutzutage wohl nicht
mehr vorkommt. Der Apostolische Vikar bei den Galla
(im Osten Afrikas) hegte nämlich die Meinung, dass die
Verbindungen der Sklaven dieses Volkes fast durchweg
bloss Konkubinate, keine wahren Ehen seien, da die Unfreien doch jeden Augenblick verkauft werden könnten
und daher bei ihnen keine auf ein andauerndes eheliches
Verhältnis gerichtete Absicht anzunehmen sei. Mit Rücksicht hierauf hatte derselbe der erwähnten Kongregation
u. a. folgende Fragen zur Entscheidung vorgelegt [1]):

1) Utrum dominus christianus tolerare possit, ut duo
servi adhuc infideles, qui, cum primum eius sub potestatem

chens des P. Daniel Sorur Pharim Den. Dieser, dem Stamme
der Dinka (im Thale des weissen Nil) angehörend, war mit anderen seines Volkes von den Arabern geraubt und nach El-
Obeid gebracht worden, wo er als Sklave an einen reichen Mos-
lem verkauft wurde. Die Härte der Sklaverei veranlasste ihn
später, in die katholische Mission des P. Comboni, die zu El-
Obeid in unmittelbarer Nähe des Hauses seines Gebieters lag,
zu fliehen. Der Apostolische Provikar nahm ihn auf und schützte
ihn gegen seinen Herrn, als dieser ihn zurückverlangte (a. a. O.
Seite 11).

1) In Collectanea S. Congregationis de Propaganda Fide
(Romae 1893), pag. 827, num. 2106. Was aber hier bezüglich
der Ehen der Sklaven bei den Gallas gesagt ist, muss analog
auf die Verbindungen der Unfreien bei den anderen Völkern
Afrikas ausgedehnt werden, da hier dieselben Verhältnisse
herrschen.

venerunt, iam in eiusmodi concubinatu vivebant, pergant ita vivere; an vero illos separare teneatur, donec fiant christiani et legitimo matrimonio coniungantur.

2) An dominus christianus, qui plures possidet servos sic viventes in vero concubinatu etsi matrimonii appellatione honestato quique ad regulam exigere desiderat eiusmodi matrimonia, simulac praedicti servi sese dispositos exhibeant ad baptismum recipiendum et matrimonium legitime ineundem, possit in nova quam meditatur matrimonii christiani ordinatione illos ex utroque sexu seligere qui plus christiani spiritus demonstrent maioremque spem faciant unitatis atque indissolubilitatis custodiendae, nulla habita ratione priorum vinculorum matrimonii sive (ut magis nuncupare placet) concubinatus, dummodo tamen novi con- trahentes mutua afficiantur sympatia; an possit proinde tuta conscientia eosdem vi separare a suis concubinis, nisi forte concubinarii ipsi malint secum invicem contrahere matrimonium christianum.

3) An saltem violenta concubinariorum separatio locum habere queat, quando alter ex ipsis, sive masculus sive foemina, probe dispositus est ad fidem amplectendam et matrimonium christiane celebrandum. Hoc dubium idcirco movetur quia violenta illa separatio posset excitare admirationem et querimonias apud homines parum instructos perinde ac si quaedam fieret iniuria parti renitenti, quae christianam religionem amplecti detrectat.

In Bescheidung dieser Anfragen glaubte jedoch die S. Congregatio S. Officii dem apostolischen Vikare bei der Beurteilung der fraglichen Sklavenverbindungen Vorsicht anraten zu müssen, ne vera matrimonia pro contuberniis imprudenter traducantur, *praesertim cum eaedem servorum infidelium coniunctiones*, quas ipse [scil. Vicarius apostolicus] concubinarias existimat, *vulgo matrimonii nomine honestentur et violenta partium separatio eodem Vicario Apostolico fatente quandam iniuriae speciem habere apud homines illos videatur.* Darnach wird weiter zur Belehrung des apostolischen Vikares ausgeführt:

Meminerit *matrimonium rerum inter infideles existere nec proinde requiri, ut infideles christiana religione initientur quo rerum legitimumque matrimonium contrahere valeant.* Meminerit etiam *admonere dominos christianos, ne in servorum matrimoniis ineundis aliquam rim adhibeant rel coniugem iisdem invisum obtrudant: matrimonia enim libera esse debent et coactiones, quae in iis forte adhibeantur, difficiles solent exitus frequentur habere.* Nunc ut dubiis 1., 2. et 3. satisfiat, nefas profecto est domino christiano tolerare servorum suorum licet infidelium concubinatum; etenim concubinatus lege naturali prohibetur, qua non tantum fideles, verum etiam infideles obstringuntur et cuius observantiam dominus utpote domesticae societatis ordinator a suis subditis exigere tenetur. *Sed primum diligentissime investigare debet, num illicito revera contubernio an legitimo coniugio servi utantur.* Quod si de illicito contubernio constiterit neque fieri possit legitimum matrimonium inter concubinarios ipsos (quod quidem semper optandum est, maxime si prolem ex fornicario commercio susceptam haberent), tunc demum eosdem vi etiam adhibita separet, non impediendo tamen quominus se cum aliis legitimo matrimonio coniungant, etiamsi christianam fidem profiteri detrectent nullasque ad eam amplectendam dispositiones praeseferant. Bezüglich der Frage aber, wann die christlichen Herren ihren heidnischen Sklaven die Eingehung einer Ehe gestatten dürften und wann nicht, — damals also waren Christen Afrikas noch im Besitze heidnischer Sklaven — verweist die S. Congregatio S. Officii den apostolischen Vikar auf eine von ihr unterm 31. Mai 1865 an den Oberen der Mission Dahomey erlassenen Instruktion [1]). Hierin werden nachstehende höchst interessante Fälle, welche ein anschauliches Bild von den ehelichen Verhältnissen der freien und unfreien Neger Afrikas geben, behandelt.

1) Ein heidnischer Sklave erbat sich von seinem christ-

---

1) Abgedruckt Collectanea etc., pag. 828 et 829.

lieben Herrn eine Sklavin zur Frau. Auf die Frage, ob er je verheiratet gewesen sei, antwortete er: se quidem cum mulieribus uxorie vixisse, sed ignorare, quid sit vinculum matrimoniale; in suis regionibus viros cum mulieribus habitare, quae pro libito dimittuntur vel quae sponte discedunt, ut cum aliis viris habitent, quin praecedentia vincula obstent; talem esse regionis consuetudinem.

2) Ein heidnischer Sklave, welcher von seinem Herrn sich eine Frau erbat, erklärte Folgendes: se iuxta morem suae gentis ante servitutem mulieres habuisse, inter eas unam ceteris praelatam fuisse, sed eam non esse quam in uxorum numero priorem tempore habuit; quam autem priorem tempore uxorem habuit, cum ea non ita esse vinculatum ut, quando libuerit, dimittere non possit; ea enim conditione assumuntur mulieres; talem in suis regionibus morem vigere.

3) Ein heidnischer Sklave, sich von seinem Herrn eine Ehefrau erbittend, gab auf die Frage, ob er etwa bereits ehelich gebunden sei, folgende Erklärung ab: se quidem ante servitutem uxorem legitimam habuisse, sed quid de illa evenerit impossibile esse certo scire; eam vel cum fugientibus in excidio patriae evasisse, forsitan in aliis regionibus venumdatam vel in Americam translatam vel in maritimo itinere, ut saepe fit, obiisse: certum autem de ea nullum unquam nuntium habiturum. Se autem enixe postulare, ut alia sibi detur uxor tamquam per divortium a prima disiuncto.

4) Ein verheirateter Neger war in die Sklaverei geraten und von seiner Frau getrennt worden, so dass er kaum daran denken konnte, mit ihr je wieder vereinigt zu werden. Daher wollte er sich eine andere Gattin nehmen vel tamquam a prima divortio facto vel quia, ut asserit, a Deo gentilibus saltem iu gravioribus casibus plures uxores etiam simultanee possidere permissum est; sibi autem a fortiori permittendum, qui priore amissa aliam in eius loco habere postulat.

5) Ein heidnischer Sklave, welcher von seinem christ-

lichen Herrn eine Ehefrau sich erbat, berichtete bezüglich
der ehelichen Verhältnisse seines Volkes: in suis regionibus mulierem adhuc puerulam viro a parentibus desponderi,
in parentum potestate usque ad pubertatem custodiri: tum
sponso traditur; sed hoc non impedit, quominus vir plures
hoc modo receptas uxores habeat; in moribus autem esse,
si viro libuerit, quod mulier dimitti possit; si autem ipsa
sponte discedere velit, consentiente viro, ad alium transit;
vel etiam viro invito, coram arbitris re pertractata et im-
pensis pro tali muliere habenda a viro exactis restitutis
ad alias nuptias convolat; et hoc iure factum iudicatur
tamquam de quocunque contractu. Se hoc modo mulieres
possedisse, a quibus nunc servitute divisus aliam dari
quaerit.

6) Eine heidnische Sklavin bat, einem Manne zur Ehe
gegeben zu werden: dicit se iampridem ante servitutem
cum viro fuisse, sed ignorare, num fuerit legitima uxor;
cum pluribus enim, asserit, aliis uxoribus in eadem domo
sub uno viro vixisse nec bene scire, si tamquam uxor, vel
ut concubina haberetur. Enixe autem postulare, ut viro
tradatur in matrimonium.

7) Eine heidnische Negerin war durch Entführung in
die Sklaverei so von ihrem Manne getrennt worden, dass
sie keine Hoffnung mehr hatte, je mit ihm wieder vereinigt zu werden. Dominus autem volens eam in matrimonio
cum alio coniungi quaerit, num id liceat tamquam divortio
a primo viro facto ita, ut in quarto casu.

Bezüglich der unter Nr. 1, 2, 5 und 6, aufgeführten
Fälle entschied die Kongregation, dass die Sklaven anderweit von den Herren verheiratet werden dürften, da ihre
früheren Verbindungen nach Lage der Sache nicht als
wahre Ehen, sondern bloss als contubernia tantummodo
ex libidine cum mulieribus inita gelten könnten. Diese
Entscheidung erleidet jedoch bezüglich des zweiten und
sechsten Falles eine Einschränkung: sie greift nämlich bei
jenem nur dann Platz, wenn ohne Zweifel feststeht, dass
auch die Favoritin des Mannes in derselben Lage sich

befindet, wie die übrigen Frauen, welche eben in jedem
Augenblicke entlassen werden könnten; für die richtige
Beurteilung des letztgenannten Falles dagegen erachtete
es die Kongregation noch für erheblich, der Frau folgende
beiden Fragen vorzulegen:

1) utrum eo tempore, quo ad suum virum accessit,
alias repererit mulieres *eidem ante se maritali more con-
iunctas;*

2) utrum vir ille soleret pro suo lubitu susceptas mulieres dimittere et alias sumere. Je nachdem die Antwort
lautet, wird es sich nämlich ergeben, ob die Frau mit
ihrem früheren Manne in einem Konkubinate oder in einer
wahren Ehe gelebt hat und demnach sich anderweit ver-
heiraten darf oder nicht.

Bezüglich der unter No. 3, 4 und 7 aufgeführten
Fälle entschied die S. Congregatio S. Officii, dass hier
die fraglichen Sklaven durch eine bereits bestehende wahre
Ehe gebunden seien [1]) und eine anderweite Verheiratung
daher nicht vornehmen dürften, solange eben der Tod des
anderen Eheteiles nicht sicher erwiesen sei, was ja in der
That nicht der Fall war. Die Polygamie aber wäre nicht
bloss den Christen, sondern auch den Heiden nach dem
ius divinum ebenso verboten wie das divortium.

Wie übrigens die Instruktion am Schlusse hinzufügt,
würde bei den letzten drei Fällen die Schwierigkeit sich
dann leicht lösen lassen, wenn die fraglichen heidnischen
Sklaven zum Christentum bekehrt würden. Denn dann
könnten dieselben, von dem sog. privilegium Paulinum
Gebrauch machend, mit einer anderen der katholischen
Religion angehörenden Person eine Ehe eingehen, falls
nämlich der heidnisch gebliebene Teil nach erfolgter interpellatio — ein Erfordernis, von welchem auch unter Um-

---

1) Nam tertius [sc. servus] uxorem legitimam, cum captivus
ductus est, habuisse fatetur, itemque mulier, de qua sermo est
in septimo casu legitimum virum habuisse narrat; atque is, de
quo in quarto agitur, matrimonio se fuisse vinculatum asserit.

ständen dispensiert werden könnte — die Ehe überhaupt
oder doch wenigstens absque contumelia Creatoris fortzusetzen sich weigern würde [1]).

Was nun das kirchliche Ehehindernis des error conditionis servilis angeht, so konnte und kann dasselbe in
den Missionsbezirken Asiens und besonders Afrikas, wo
neben freien Christen und Heiden auch noch erhebliche
Mengen von heidnischen Sklaven lebten und noch leben,
ebenso Platz greifen wie dort, wo mohammedanische Sklaven neben freien Moslemen anzutreffen waren und noch
angetroffen werden, wofür wir ja im apostolischen Vikariate Aden ein praktisches Beispiel kennen gelernt haben
(oben Seite 94 fg.). Warum sollte es nicht einmal vorkommen, dass eine heidnische Negerin sich mit einem
heidnischen Neger, über dessen Sklavenstand sie sich in
einem Irrtum befand, verheiratet und späterhin die katholische Religion angenommen hätte, während ihr Mann
die Ehe fortzusetzen bereit war oder gar selbst ebenfalls
sich bekehrte? Hier würde das kirchliche Ehehindernis
des error conditionis servilis Platz greifen. Auch kann
folgender Fall leicht eintreten: Ein heidnischer Sklave,
welcher seinem Herrn entflohen ist, schliesst unter Mitwirkung eines Missionars eine kirchliche Ehe mit einer
katholischen freien Negerin, welche von dem Sklavenstande
des Mannes nichts weiss. (Eine solche Eheschliessung
aber ist möglich, da nach einer mir durch den erwähnten
Pallottiner-Missionar zugegangenen Mitteilung den Missionaren vielfach für eine bestimmte Anzahl von Fällen
— in der Regel für zwanzig — seitens des Apostolischen Stuhles die Fakultät erteilt wird, Christen mit
Heiden kirchlich zu trauen.) Hier würde die Ehe jedoch
wegen des vorliegenden error conditionis servilis kirchlich
nichtig sein.

---

1) Vgl. hierüber Schulte, a. a. O. Seite 201 fg.

§ 14.

Schlussbemerkung.

In den Ausführungen des vorliegenden zweiten Abschnittes ist versucht worden nachzuweisen, inwieweit in den hier überhaupt in Betracht kommenden Ländern für das kirchliche Ehehindernis des Irrtums bezüglich der Unfreiheit des Mitkontrahenten im Lauf der Zeiten Raum vorhanden war und in der Gegenwart noch vorhanden ist. Von praktischen Fällen des error conditionis servilis ist mir allerdings ausser den beiden cap. 2 und cap. 4 X. de coniug. servor. (IV. 9) mitgeteilten, von denen der erstere in Oberitalien verhandelt worden ist, nur Einer bekannt geworden, nämlich derjenige, welcher im apostolischen Vikariate Aden in Arabien vorkam; weder aus Nord- noch aus Südamerika, wo doch christliche Sklaven bis in die neuesten Zeiten hinein in zahlreichen Mengen gelebt haben, konnte ich einen solchen Fall in Erfahrung bringen, obgleich ich keine Mühe gescheut habe, hierwegen bei glaubwürdigen und zuverlässigen Personen, namentlich bei Geistlichen, die mit den Verhältnissen des Landes und seiner Bewohner, vor allem der Sklaven, infolge eines langjährigen Aufenthaltes und Wirkens dortselbst genau bekannt waren, sorgfältige Erkundigungen einzuziehen. Auch hat das mir zur Verfügung gewesene literarische Material für Auffindung wirklicher Fälle von error conditionis servilis keinerlei Handhabe geboten. Da aber weiterhin diese Fälle heutzutage noch in den Missionsländern Asiens und Afrikas eintreten können, so lag der Gedanke nahe, dass ein solcher Fall vielleicht einmal der S. Congregatio de Propaganda Fide zu Rom zur Entscheidung vorgelegt worden sei, und habe ich daher mich an dieselbe mit der Bitte gewandt, hierwegen in ihrem Archive Nachforschungen anstellen zu lassen. Allein dieses enthält nichts über etwaige Verhandlungen derartiger Fälle, wie Seine Eminenz, der Hochwürdigste Herr Kardinal Ledochowski, der Präfekt der genannten Kongregation, unterm 16. Dezember 1895 mir mitteilen zu lassen die Güte hatten, nachdem auf Hochdessen Befehl die von mir erbetenen Forschungen vorgenommen worden waren.

Uebrigens haben wir in einigen Ländern (wie z. B. in Italien und den beiden Amerika) Momente kennen gelernt, welche es erklärlich erscheinen lassen, dass Fälle, in denen das kirchliche Ehehindernis des error conditionis servilis Platz greifen konnte, selten eintraten, und meines Erachtens kann man bezüglich anderer in Betracht kommender Länder (wie Asien und Afrika) unbedenklich annehmen, dass auch in diesen solche Fälle häufig weder vorgekommen sind noch heutzutage vorkommen. Denn die Seite 104 dargestellten Fälle setzen voraus, dass in den fraglichen Gegenden katholische Missionare am Werke der Heidenbekehrung arbeiten; allein gerade diejenigen Landstriche, wo die Sklaven vornehmlich sind (wie z. B. die Sudanländer), gehören mehr dem Inneren Afrikas an, und gerade hier ist eine wirksame und dauernde Missionsthätigkeit bisher noch nicht möglich gewesen. Auch dürften Fälle des error conditionis servilis unter den Heiden selbst nicht eben häufig vorkommen. Denn die heidnischen Sklaven sind, solange sie in der Gewalt ihrer Herren sich befinden, als Unfreie in den betreffenden Gegenden bekannt, können auch wohl kaum ein geordnetes Eheleben begründen. Am ehesten könnte ein derartiger Fall stattfinden, wenn ein Sklave sich in ein benachbartes Land flüchtete und hier für frei sich ausgäbe. Allein sein Herr würde ihn ohne Zweifel verfolgen, so dass er wohl kaum es wagen dürfte, eine Ehe einzugehen. Da es jedoch, wie oben gezeigt wurde, immerhin nicht ausgeschlossen ist, dass ein Fall, in welchem das kirchliche Ehehindernis des error conditionis servilis Platz greift, auch heute noch in Asien und Afrika vorkommt, so wird es notwendig sein, die für die rechtliche Beurteilung solcher wohl nur noch den Missionaren begegnender Fälle massgebenden Grundsätze darzulegen, womit sich der folgende Abschnitt beschäftigen soll.

III. Abschnitt.

Dogmatische Darstellung.

§ 15.

Der error condit. servilis nach seiner objektiven und subjektiven Seite.

Wie bereits oben (Seite 48) gesagt ist, müssen zwei Faktoren vorhanden sein, damit das impedimentum erroris conditionis begründet werde: einmal die eigentliche Sklaverei des einen Eheteiles [1]) und sodann ein auf diese sich beziehender Irrtum des freien Mitkontrahenten. Ich sage: die eigentliche Sklaverei. Denn die Quellen der alten Zeiten, auf denen das impedimentum erroris conditionis servilis ruht, haben offenbar nur solche Unfreie vor Augen, die, der Persönlichkeit völlig entbehrend, einer Sache gleich vom Herrn beliebig verkauft und verschenkt werden konnten, und bedienen sich nur solcher Bezeichnungen (mancipium, servus, ancilla), die bloss auf Sklaven in dem eben

---

1) Wozu auch jener Zustand zu rechnen ist, in welchem sich nach römischem Recht der statu liber, d. h. der erst von einem bestimmten Zeitpunkte an oder unter einer Bedingung (im Testamente) Freigelassene befand. Ging vor Aufhebung der Sklaverei eine freie Person mit einem statu liber eine Ehe unter einem error condit. servil. ein, so war diese selbstredend nichtig; vgl. hierzu Schulte, a. a. O. Seite 117, Note 25 und München, über Knechtschaft als Ehehindernis, in Zeitschrift für Philos. und kathol. Theologie N. F., 1. Jahrg., 1. Bd. (Köln 1840), Seite 56.

angegebenen Sinne, auf eigentliche Sklaven passen [1]). Auch reden die Quellen von der servitus, conditio servilis, von der nota oder macula servilis, Ausdrücke, die nur auf den eigentlichen Sklavenstand bezogen werden dürfen [2]). Aus dem Gesagten ergiebt sich folgendes:

1) Wenn eine freie Person im Gebiete des römischen Rechtes mit einem Kolonen und im Bereiche des deutschen Rechtes mit einem Hörigen oder Leibeigenen unter Irrtum über den in gewissem Sinne unfreien Stand dieser Leute eine Ehe schloss, so war letztere gültig [3]). Denn es fallen diese Klassen von Unfreien, welche ihren bereits oben (Seite 7, 50, und 54) angegebenen charakteristischen Merkmalen gemäss durchaus von der eigentlichen Sklaverei verschieden sind, keineswegs unter das Gesetz, welches lediglich dem Irrtum hinsichtlich der Unfreiheit im stren-gen Sinne ehehindernde Wirkung beilegt, und es darf nach dem Grundsatz: Odia restringi, et favores convenit ampliari (reg. 15 in VI to de reg. iur. V, 12) in keiner Weise das kirchliche Gesetz bezüglich des error conditionis servilis auf sie angewandt werden. Uebrigens wurden im kanonischen Rechte nach c. 2 X. de Iudaeis (V, 2) die römischen Kolonen in Italien als Freie behandelt [4]), und dasselbe gilt, wie oben (Seite 54) bemerkt ist, bezüglich der deutschen Hörigkeit und Leibeigenschaft.

Mit dem Gesagten stimmen die Kanonisten wie Theologen überein [5]), so z. B. Bernard von Pavia [6]) und San-

---

1) Schulte, a. a. O.

2) Hierzu München, a. a. O.

3) Vgl. dazu oben Seite 57.

4) Glosse ebend. v. sint liberi: nota originarios sive ad-scriptitios liberos esse.

5) Daller, Der Irrtum als trennendes Ehehindernis (Landshut 1861), § 7: Irrtum in der Eigenschaft der Sklaverei, S. 31.

6) Bernardi summula de matrimonio, edidit Kunstmann im Archiv für kathol. Kirchenrecht, (Bd. VI (1861), pag. 233 (titul. VI): Originariorum conditio et si ab aliquo ignoretur, matrimonium tamen non excludit. Etsi enim ad operas quasdam tene-antur, quia tamen vendi vel alienari non possunt ut servi, non

chez [1]). Die Glosse indessen bemerkt hierüber: dubitari
autem consuevit, si libera contrahit per errorem cum ho-
mine adscriptitiae conditionis, an teneat matrimonium.
H.[ugo] dicit, quod teneat, lex tamen contradicit in auth.
de nupt. § adscriptitio [= nov. 22, cap. 17] et c. de S.
C. Claud. l. un. [=l. un. Cod. de S. C. Claud. toll. (7, 24)].
Hiernach spricht die Glosse im Hinblicke auf die angeführten, bereits oben (Seite 7, Anm. 2 und 4) mitgeteilten Quellenstellen einen Zweifel aus bezüglich der
Gültigkeit der Verbindung einer freien Person mit einer
dem Stande der Kolonen angehörenden, bei welcher ein
error conditionis servilis unterlaufen ist.   Allein jene beiden
Konstitutionen Justinians handeln nur über Ehen von Kolonen mit freien Frauen und verbieten dieselben mit der
Wirkung, dass die gleichwohl abgeschlossenen nichtig sind,
legen demnach dem error conditionis servilis keinerlei
rechtliche Bedeutung bei und greifen daher bei der vorliegenden Frage gar nicht Platz; sie gehören zudem dem
bürgerlichen Bereiche an und haben, wie oben gezeigt
worden ist, für das kirchliche Recht, welches Ehen der
erwähnten Art, auch wenn bei denselben ein Irrtum über
den Kolonenstand des einen Eheteiles obwaltet, für gültige ansieht, nicht die mindeste Bedeutung.   Die bezeichneten Bestimmungen des weltlichen Gesetzes veranlassten
wohl auch Johannes Faventinus zu der Note 6 Seite 108
mitgeteilten Ansicht, was Bernard von Pavia andeutet mit

mihi videtur eorum conditio matrimonium impedire, nec per
canones tale matrimonium invenio separatum. Dicit tamen ma-
gister Johannes errorem adscriptitiae conditionis matrimonium
impedire, in hoc potius ut puto legum quam canonum auctoritatem secutus [Johannes Faventinus sagt zur C. XXIX. qu. 1,
bei Kunstmann a. a. O., S. 221: error conditionis servilis tantum vel ascripticie impediunt matrimonium, si inter errantes
contractum.

1) Sanchez, l. c. num. 9: Quando servitus non est vera,
sed adscriptitia vel originaria, eius error non dirimit matrimonium etc.

den Worten: jener sei hierbei potius ut puto legum quam canonum auctoritatem secutus.

2) Wenn dem Bisherigen zufolge nur der Irrtum einer freien Person hinsichtlich der eigentlichen Unfreiheit des anderen Teiles dem kirchlichen Gesetze gemäss ein Ehehindernis begründet, so folgt daraus weiterhin, dass der Irrtum eines Unfreien bezüglich des Sklavenstandes seines Mitkontrahenten eine ehehindernde Wirkung nicht hat: dem Sklaven kommt der error conditionis servilis nicht zu gut. Das sagt auch die Glosse: Et notat Hu.- [guccio] quod non omnis error conditionis impedit matrimonium, sed tantum error servilis conditionis, nec etiam semper talis error impedit: — Si servus credit contrahere cum libera et contrahit cum ancilla, non dirimitur matrimonium, quia consentit in hominem suae conditionis et quia neuter potest aliquid alii obicere; et ita propter errorem servi numquam dirimitur matrimonium [1]). Dasselbe bemerken Bernard von Pavia [2]), Tancred [3]) und Sanchez [4]).

---

1) Zu C. XXIX qu. 2 pr. v. secunda.

2) Summula de matr., ed. Kunstmann, a. a. O. S. 234. Porro si servus putabat liberam, quae erat ancilla, et ideo eam accepit, non est ob hoc matrimonium separandum, quia eiusdem conditionis est cum viro, et iniustum et inhonestum est, ut servilem conditionem obiciat, qui eadem conditione tenetur adscrictus, sicut de eo qui crimen intendit. C. VI qu. 1 qui crimen [c. 6], et in XXXII qu. 6 nihil iniquius [c. 1]. Summa decretalium, ed. Laspeyres (1860), p. 154. Nec praetereundum puto, quod, si servus volens accipere uxorem putabat liberam, quae erat ancilla non puto, quod propter hunc errorem valeat separari; quid enim obiiciet coccus coeco? quid Catilina Cethego?

3) Tancredi summa de matrimonio (vor 1215), ed. Wunderlich (1841), p. 20, de impedimento conditionis: Sed non error paris-conditionis [sc. impedit matrim. contrahend.], ut si servus ignoranter contrahat cum ancilla quam credit liberam, quia non habet, quod ei obiciat. Siehe Freisen, a. a. O., S. 298.

4) l. c. n. 23: Similiter valebit [matrimonium], si servus contrahat cum ancilla credens eam liberam, quod servi conditio non efficiatur deterior, sed aequalem suae conditionem reperiat.

In den angegebenen Fällen liegt eben keine Gefährdung der Interessen des Unfreien vor. Deshalb findet das Gesetz keine Anwendung auf ihn.

3) Wenn jemand von freiem Stande mit einer freien Person, welche er für unfrei hält, eine eheliche Verbindung eingeht, so ist selbstredend diese gültig, da ja der Gegenstand seines Irrtums die libera conditio des anderen Teiles ist und er deshalb durch die Ehe in keiner Weise Rechtsnachteile erleidet. Deshalb bemerkt die Glosse: Si libera vult contrahere cum servo et contrahit cum libero, non dirimitur matrimonium, licet ibi sit error conditionis, quia non intelligitur talis decepta, quae cum meliori contrahit, quam credebat. Damit stimmen überein Bernard von Pavia[1]) und Sanchez[2]).

4) Was endlich den Fall angeht, dass eine unfreie Person mit einer freien im Glauben, dass letztere nicht im Besitze der Freiheit sich befinde, eine Ehe schliesst, so hat die Verbindung ebenfalls Gültigkeit[3]).

Die angegebenen Entscheidungen der Fälle unter 2, 3 und 4 beruhen auf der ratio des Gesetzes, welches lediglich das Interesse der freien Person abzielt[4]), und stimmen völlig überein mit denjenigen, welche die Siete Partidas nach der obigen Darstellung (Seite 70 fg.) für den Bereich des spanischen Rechtes betreffs der nämlichen Fälle getroffen hat[5]).

---

1) ed. Kunstmann, a. a. O. S. 234: Item si aliqua libera vel ancilla potius servo quam libero nubere velit, et nupserit libero, putans eum esse servum, propter talem errorem matrimonium non dirimitur, quia melioris conditionis eum habet quam vellet. Secus autem esset si deterioris; quare enim ei subveniretur propter errorem, cum multo melius haberet quam vellet?

2) l. c. n. 23: Si autem credebat alterum servum, sive ipse servus, sive liber, valebit matrimonium, quod erret inveniens digniorem conditionem, quam ipse putabat.

3) Siehe die Quellenstelle in voriger Note.

4) Sanchez, l. c. num. 23; vgl. zu dem Gesagten noch München, a. a. O. Seite 54 und 55, sowie Freisen, a. a. O. Seite 294 und 295.

5) Sanchez hat bei Darlegung der im Texte besprochenen

Nach dem Gesagten greift das Ehehindernis des error
conditionis servilis lediglich dann Platz, wenn das Objekt
des Irrtums d i e e i g e n t l i c h e S k l a v e r e i bildet und
dessen Subjekt eine f r e i e Person ist, welche eben bezüglich des eigentlichen Sklavenstandes ihres Mitkontrahenten
sich im Irrtume befindet.

§ 16.

D i e r e c h t l i c h e N a t u r d e s e r r o r c o n d i t i o n i s s e r v i l i s.

Im Nachstehenden haben wir uns mit den zwei Fragen
zu beschäftigen:

1) Ist der error conditionis servilis ein Irrtum in der
Person oder bloss in der Eigenschaft einer solchen?

2) Ist er ein echter oder unechter Irrtum?

ad 1) Bekanntlich gibt es in der Kirchenrechtswissen-
schaft in Ansehung der ehelichen Verbindungen einmal den
Irrtum in der Person des anderen Teiles, welcher entweder
die Person als solche in ihrer Totalität ergreift (error personae) oder sich bloss auf eine einzelne Eigenschaft des Mitkontrahenten bezieht, durch welche dieser aber von allen anderen Personen unterschieden, individuell begrenzt und bestimmt wird (error qualitatis in personam redundans), so
dass mit deren Wegfall der Mitkontrahent eine andere Person wird, und sodann den Irrtum in blossen Eigenschaften

---

Fälle — wie auch bei anderen von ihm erörterten eherechtlichen Fragen (s. oben Seite 72, Note 1) — ohne Zweifel die
Siete Partidas vor Augen gehabt. Den Seite 70 Note 3 mitgeteilten Fall, welchen dieses spanische Gesetzbuch gerade wie
unser Text entscheidet, betrachtet Sanchez nach den nämlichen
Richtungen wie die Siete Partidas. Er sagt nämlich (l. c. num.
23): valere matrimonium si servus contrahat cum libera existi-
mans eam esse ancillam, intellege ex parte sui erroris, ubi femina libera non erraret in conditione servi sciens eum esse
servum, si enim crederet eum liberum, ex hac parte esset nullum
matrimonium.

der Person (error circa qualitates personae). Ersterer ist
ein trennendes Ehehindernis in seinen beiden Richtungen,
letzterer begründet nach dem kirchlichen Rechte kein Impediment [1]).

Beiden Arten von Irrtum hat nun die Wissenschaft
den error conditionis servilis unterzuordnen versucht. Diejenige Ansicht, welche denselben in eine Linie mit dem
error personae stellt, geht von der in dieser Arbeit (oben
Seite 37 fg.) bekämpften Anschauung aus, dass die Kirche
das vorliegende Ehehindernis aus dem Grunde festgesetzt
habe, weil der Sklave weder die rechtliche noch die thatsächliche Möglichkeit besitze, die ausschliessliche und un-
beschränkte eheliche Gemeinschaft zu bieten, welche doch
die freie Person bei Eingehung der Ehe beabsichtige.
Es werde daher durch die Unfreiheit der Begriff der Person so sehr berührt, dass die für frei angesehene r e c h t -
l i c h nicht für dieselbe Person gelten könne, wenn auch
materielle Identität vorliege [2]). Allein abgesehen davon,
dass nach einer richtigen Bemerkung von Freisen „die
alte Zeit, in welcher dieses Ehehindernis (des error conditionis servilis) entstand, diesen tiefen Erwägungen fern-
steht" [3]), liegt der vorgetragenen Ansicht, wie von Scheurl
mit Recht derselben entgegenhält, „ein willkürlicher und
unhaltbarer Begriff von Identität zu Grunde" [4]). Denn
von letzterer kann doch nur da die Rede sein, wo es sich
um „die Verwechslung einer wirklichen Person mit einer
anderen wirklichen Person" (von Scheurl) handelt, was
bei dem error conditionis servilis in Wahrheit nicht der
Fall ist.

Dem Gesagten zufolge muss dieser Irrtum vielmehr
als ein error circa qualitatem personae aufgefasst werden,

---

1) Siehe des Näheren hierüber Schulte, a. a. O. Seite 103 fg.
(§ 19).

2) Schulte, a. a. O. S. 117.

3) a. a. O. S. 305.

4) Scheurl. Das gemeine deutsche Eherecht (Erlangen
1881), Seite 141.

wie dies die andere Ansicht thut. Denn die Unfreiheit ist nichts anderes als eine der Person inhärirende Eigenschaft, welche freilich mit tiefgreifenden sozialen und rechtlichen Folgen ausgestattet ist. Letztere sind aber gerade der Grund gewesen, warum dem Irrtume bezüglich der Eigenschaft der Unfreiheit ehehindernde Wirkung beigelegt worden ist, obwohl sonst das kirchliche Recht dem error circa qualitates personae einen Einfluss auf die Ehe nicht beimisst.

Diese zweite Ansicht teilen die meisten Autoren. So führt der bereits erwähnte Minorit C a r o l u s F r a n c i s - c u s a B r e n o in seinem trefflichem Werke l. c. num. 5 die Meinung an, welche er selbst aber nicht teilt: ignorantia seu error *qualitatis* non invalidat matrimonium, ut v. g. nobilitatis, divitiarum, pulchritudinis (ex cap. un. C. 29. qu. 1), imo nec leprae, ut habetur cap. fin. de coniug. lepros., ergo nec error circa servitutem, *cum ipsa quoque personae sit qualitas, non vero substantia.* Hiergegen macht derselbe jedoch num. 18 geltend, dass zwischen der Qualität der Unfreiheit und den übrigen Eigenschaften ein innerer Unterschied insofern bestehe, als diese in keiner Weise das Wesen der Ehe berührten und daher ein Irrtum bezüglich ihrer in keiner Weise erheblich sei (earum ignoratio qualitatum nequaquam contractum annullat, etsi coniuges, si scivissent illas, minime contraxissent), während die erstere die Ausübung der ehelichen Rechte hindere oder doch erschwere und daher der Irrtum hinsichtlich derselben weit schwerer ins Gewicht falle. Hierzu fügt er noch die Aeusserung: servitus, utpote — naturae ipsi rationali, quam utique secundum se Deus liberam condidit et ingenuam, adversa magis odio habetur magisque in opprobrium redundat, quam defectus virginitatis, pulchritudinis, nobilitatis aut divitiarum vel lepra ipsa; ista enim — non dedecus inferunt, uti facit servitus. Hiernach können die kirchlichen Bestimmungen bezüglich der Wirkung des error circa qualitates personae nicht auf den error conditionis servilis Anwendung finden, obgleich auch

die Unfreiheit sich als eine blosse Eigenschaft der Person
darstellt; es muss vielmehr eben deswegen bezüglich des
Ehehindernisses des error conditionis servilis eine Ausnahme
vom gewöhnlichen Gesetze angenommen werden. Der Lö-
wener Kanonist Feije bemerkt l. c. num. 122, dass der
kirchliche Gesetzgeber dem error conditionis servilis, *licet
qualitatis* ehehindernde Wirkung beigelegt habe, und gibt
als Grund hierfür an: noluit ecclesia personam liberam
ignoranter coniugium subire, in quo tanta est inaequalitas,
tanta incommoda, tanta quoad executionem bonorum matrimonii difficultas, sed eius consensui hoc relinquere voluit [1].
Mit den genannten Autoren nehme auch ich an, dass
der Irrtum bezüglich der Unfreiheit des Mitkontrahenten
den Fällen des error circa qualitates personae beigezählt
werden muss, da sein Objekt, die Unfreiheit, in der That
und Wahrheit doch nur eine Eigenschaft der Person ist,
und dass er demnach hinsichtlich seiner Wirkung auf die
Ehe eine Ausnahme von der Regel bildet. Allein wenn
dieselben meinen, dass die Kirche dem error hinsichtlich
dieser Eigenschaft deshalb ehehindernde Kraft beigelegt
habe, weil letztere das Wesen der Ehe berühre oder doch
die Ausübung der ehelichen Rechte den beiden Gatten erschwere, so ist hierauf zu sagen, dass solche Erwägungen,
welche übrigens zu bedenklichen Folgerungen bezüglich
der Ehefähigkeit des Sklaven überhaupt führen können,
doch erst den späteren Zeiten angehören und eine vorange-
schrittene Jurisprudenz voraussetzen; die alte Zeit kennt
dieselben nicht. Sicher ist nach der obigen Darstelluug
(Seite 33 fg.), dass die aus der fränkischen Zeit stammenden kirchlich-weltlichen Gesetze, auf denen unser Ehehindernis beruht, von wesentlich anderen Gesichtspunkten

---

1) Vgl. noch bezüglich der zweiten Ansicht Walter, Kir-
chenrecht (14. Auflage), § 305b II, Seite 676 und ebenda Anm. 9;
Stahl, de matrim. ob errorem rescindendo (Berol. 1841), pag. 6;
Gerlach, Kirchenrecht (4. Aufl.), § 94, S. 259. Daller, a. a. O.
Seite 26; München, a. a O. S. 50.

ausgehen, nämlich von dem nationalen Bewusstsein der germanischen Völker, welches Ehen freier Personen mit Knechten verpönte, und auch die oben (Seite 42) angeführte Dekretale des Papstes Alexander III. bezeichnet ausdrücklich, wie a. a. O. (Seite 43) bereits bemerkt worden ist, als Grund für die Klage auf kirchliche Nichtigkeitserklärung der fraglichen Ehe die *macula servilis*, bezüglich deren ein Irrtum obwaltete.

ad 2) Seit Savigny[1]) unterscheidet die Rechtswissenschaft zwischen „echtem" und „unechtem" Irrtum. Letzterer liegt vor, wenn der Erklärende kein Bewusstsein davon hat, dass in der abgegebenen Erklärung etwas als gewollt bezeichnet ist, was er gar nicht will. In diesem Falle ist die Erklärung nichtig, zieht keine Rechtswirkung nach sich, eben weil d e r s e l b e n k e i n w i r k l i c h e r W i l l e e n t s p r i c h t, nicht aber (wie man sich, freilich ungenau, gewöhnlich ausdrückt) weil ein Irrtum auf Seiten des Erklärenden vorliegt; dieser Irrtum bewirkt nur, dass etwas als gewollt erklärt worden ist, was in Wirklichkeit nicht gewollt ist[2]). Bei dem „echten" Irrtume dagegen, dem Irrtum im Beweggrunde, liegt Wirklichkeit des er-

---

1) S a v i g n y, System des heutigen römischen Rechts (1840), Bd. III, § 135 — 139. Vgl. zu dem Folgenden Windscheid, Lehrbuch des Pandektenrechts (Frankfurt a. M. 1891), Bd. I [7], § 76—79, Seite 198 fg. Ebenda (Seite 199, Anm. 1) sagt der Verfasser: „Die Unterscheidung zwischen sog. unächtem Irrtum und dem Irrtum im Beweggrund (d. h. dem ächten Irrtum) halte ich nach wie vor für die allein richtige Grundlage einer befriedigenden Theorie vom Irrtum und ihre Feststellung für eines der schönsten Verdienste Savigny's". Festgehalten ist diese Unterscheidung auch von Zitelmann, Irrtum und Rechtsgeschäft, eine psychologisch-juristische Untersuchung (Leipzig 1879). Auch F r e i s e n legt sie a. a. O. Seite 301 fg. seiner Darstellung des error personae zu Grunde.

2) Beispiel des Gesagten: Jemand unterschreibt eine Kaufurkunde in der falschen Vorstellung, dass es eine Urkunde über einen Mietvertrag sei; jemand verspricht, verschreibt sich.

klärten Willens vor. Nur ist letzterer durch den Mangel
der wahren Vorstellung von dem Zustande der Dinge bestimmt worden, so und nicht anders zu wollen, was er
allerdings gethan haben würde, wenn er nicht unter dem
Einflusse einer irrigen Vorstellung gestanden hätte. Allein
obgleich er von einer solchen hervorgerufen worden ist,
so liegt doch immerhin ein wirklicher Wille vor; was erklärt ist, das ist auch wirklich gewollt: in dem Rechts-
geschäfte verkörpert und äussert sich wirklicher Wille,
wenn auch der Erklärende bei richtiger Vorstellung vom
Sachverhalte möglicherweise einen anderen Entschluss ge-
fasst hätte. Der Irrtum in Motiv kommt eben nur für
das Denkvermögen in Betracht, während er die Frage nach
der Wirklichkeit des Willens überhaupt nicht berührt. Es
ist hiernach die Willenserklärung beim Irrtum im Beweggrunde keinesfalls ohne weiteres nichtig, wie beim sog.
unechten Irrtum; sondern dies tritt erst infolge positiver
gesetzlicher Vorschrift oder beim Vorhandensein bestimmter
Voraussetzungen ein [1]).

Unter die Fälle des Irrtums im Motiv fällt nun der
error conditionis servilis. Zum Beweise hierfür diene folgende Erwägung: Wenn der A mit der B, welche eine
unfreie Person ist, die jener aber für frei ansieht, die Eheschliessung vollzieht, so hat er in dem Augenblicke, wo
er die hierauf gerichtete Willenserklärung abgibt, jedenfalls
nur die Absicht, eine Ehe einzugehen mit derjenigen Person, welche er, wie sie ihm jetzt gegenwärtig ist, als diejenige bezeichnet, mit welcher er die Ehe schliessen wolle [2]).
Allerdings wird sein Wille von der irrigen Vorstellung bestimmt, dass die vor ihm stehende Person sich der Freiheit
erfreue; es ist ihm gar nicht in den Sinn gekommen zu
denken, dass seinem Mitkontrahenten B die Eigenschaft
der Unfreiheit innewohne; vielleicht weiss dieser selbst

---

1) Windscheid, a. a. O. § 78.
2) Scheurl, a. a. O. Seite 140.

hiervon nichts [1]). Allein in der Erklärungshandlung des
A verkörpert sich dessen wirklicher auf eine Ehe mit der
B gerichteter Wille und demnach kommt diese Ehe auch
zustande, mochte er möglicherweise in dieselbe auch nicht
eingewilligt haben, falls er eine richtige Vorstellung vom
Zustande der Dinge besessen hätte.

Nach dem Gesagten charakterisiert der error conditionis servilis in Wahrheit sich als Irrtum im Motiv, und
wenn demnach die unter seinem Einflusse abgegebene
Willenserklärung des freien Teiles eine Rechtsfolge nicht
haben, also nichtig sein soll, so muss dies erst durch eine
positive Vorschrift des Gesetzgebers bestimmt werden. Von
selbst versteht sich das nicht. Hiermit stimmt die Glosse
zu C. XXIX., qu. 1 v. quod autem überein, wenn sie sagt:
— errores (personae et) conditionis; duo ultimi dirimunt matrimonium *non ex sua natura, sed ex constitutione ecclesiae*.
Die Kirche hat bestimmt, dass bei dem error conditionis
servilis dem irrenden Teile die Erklärung seines allerdings
wirklichen Willens des Mangels der wahren Vorstellung
wegen keine Verpflichtung begründen, m. a. W. dass die-
selbe· keine eheschliessende Kraft haben und demnach
keine Ehe zustande kommen solle.

Die Ansicht, dass bei dem error conditionis servilis
auf Seiten des irrenden Teiles ein wirklicher Wille der
auf den Abschluss der Ehe gerichteten Erklärung entspricht,
trägt unter den älteren Autoren S a n c h e z in der oben

---

1) Möglicherweise war der error des freien Teiles durch
einen dolus der unfreien Person hervorgerufen, und man könnte
dann in der Nichtigkeit der Ehe eine Strafe für den unfreien
Teil erblicken, wie dies J. H. B ö h m e r (l. c. lib. IV, tit. IX,
§ 14) thut. welcher auf den dolus zu grosses Gewicht legt und
zudem meint, dass man eine solche Verbindung ohne Betrug
kaum sich denken könne; allein dies ist nicht richtig und auch
ohne einen den error erst erzeugender dolus würde die Ehe
nichtig sein. Die Quellen enthalten ja über die Entstehung des
Irrtums keine Bestimmung; vgl. hierzu M ü n c h e n, a. a. O. Seite
53; S c h u l t e, a. a. O. Seite 117, Anm. 25, Seite 118 und 154
(§ 22); S a n c h e z, l. c. num. 20.

(Seite 41) angeführten Stelle vor, wo er bemerkt, dass
wegen der Wirklichkeit des Willens bei der pars libera
vom Standpunkte des ius naturae ein wahrer Ehevertrag
angenommen werden müsse. Er lässt daher das in Rede
stehende Ehehindernis (l. c. num. 16) solo iure ecclesiastico begründet sein und führt für diese Ansicht eine
grosse Anzahl Autoren, darunter die oben zitierte Glosse an [1]).

Im Gegensatz zu dem Gesagten nehmen die übrigen
Kanonisten [2]) durchweg und auch manche unter den neueren [3]) fälschlich bei dem error conditionis servilis auf Seiten
des irrenden Teiles Willensmangel an. Hierbei stützen sie
sich vielfach auf die Aussprüche des römischen Rechtes:
nulla enim voluntas errantis est (l. 20 D. de aqua plur.
39, 3) und cum errantis voluntas nulla sit (l. 8 Cod. de
iuris et facti ignor. 1, 18). Allein diese Sätze sind in
ihrer Allgemeinheit offenbar unrichtig [4]) und greifen hinsichtlich der Theorie des Irrtums im Motiv, als welchen
wir den error conditionis servilis kennen gelernt haben,
keinesfalls Platz. Unverständlich aber ist es, wenn diese
Schriftsteller, wie z. B. Gonzalez Tellez [5]) und Mün-

---

1) Van Espen, ius ecclesiasticum universum (ed. 1702),
Tom. I, pars II, tit. XIII, cap. III, num. 12: hanc dirimendi vim
huic errori *iure mere positivo* competere, una est Canonistarum
et Theologorum opinio.

2) So Tancred l. c. (ed. Wunderlich, pag. 18): qui er-
rat, non consentit; Gratian (C. XXIX. qu. 1): error conditionis
coniugii consensum non admittit: Bernardus Pap. (ed. Kunstmann, l. c. pag. 232): error-personae et conditionis consensum
matrimonialem excludit; Gonzalez Tellez, l. c. num. 6: error
tollit consensum, quia fertur absolute in obiectum existimatum.

3) So München, a. a. O. Seite 50.

4) Windscheid, a. a. O. Seite 208, Anm. 1a; Zitelmann,
a. a. O. Seite 427 und 428.

5) Dieser stellt [l. c. num. 6] erst die Behauptung auf: error
tollit consensum, sodann aber fährt er fort: est tamen hoc impedimentum [sc. erroris condit. servilis] tantum *iuris positivi*,
quare apud infideles matrimonium cum simili errore celebratum
validum est.

c h e n [1]), einerseits meinen, dem unter dem Einflusse des
error conditionis servilis stehenden freien Teile fehle die
auf das Zustandekommen der Ehe gerichtete Absicht, was
ja ex iure naturae ein matrimonium von vornherein aus-
schlösse, und andererseits behaupten, dass erst die positive
Gesetzesbestimmung jenem Irrtum die eheschliessende Wirkung abgesprochen habe.

§ 17.
Geltendmachung des error conditionis servilis.

Das Ehehindernis des error conditionis servilis ist ein
privatrechtliches, ein impedimentum dirimens p r i v a t u m.
Nicht d i e S k l a v e r e i a l s s o l c h e begründet ein Ehehindernis, welches als ein im öffentlichen Interesse liegen-
des vom kirchlichen Richter ex officio geltend gemacht
werden müsste, sondern d e r I r r t u m b e z ü g l i c h d e r-
s e l b e n, und der freien Person ist lediglich zum Schutze
ihrer Interessen die Befugnis zur Anfechtung der Ehe zu-
gesprochen worden, eine Befugnis, worauf sie auch verzichten kann. Will sie aber letzteres nicht, so muss sie
eben bei dem geistlichen Richter einen die kirchliche Nichtigkeitserklärung der Ehe begehrenden Antrag stellen.
Denn sie darf nicht eher den unfreien Gatten entlassen
und zu einer anderweiten Ehe schreiten, als bis ein die
Nichtigkeit der seitherigen Scheinehe aussprechendes kirchliches Urteil ergangen ist [2]). Soll nun dieser Antrag in

---

1) M ü n c h e n, a. a. O. Seite 50 sagt: Der Irrtum macht die
Verbindung ungültig. „weil das G e s e t z ihm diese Wirkung
beilegt. Darum aber, dass der Irrtum die Ungültigkeit bewirkt,
ist, wie beim Irrtum in der Person, der M a n g e l a n E i n-
w i l l i g u n g der letzte Grund derselben.“
2) Die Glosse zu c. 6 C. XXIX. qu. 2 v. removisse wirft die
Frage auf: numquid sine iudicio ecclesiae potest dimittere ancillam, quam credebat liberam? und beantwortet sie in vernei-
nendem Sinn: si causa separationis sit manifesta, tamen sine
iudicio ecclesiae non debet dimitti (i. e. ancilla). Vergl. hierzu

dem nachfolgenden Verfahren als begründet erfunden werden, so müssen zwei Thatsachen dem Richter als wahr
sich erweisen: nämlich der Sklavenstand des einen Teiles
und der diesen betreffenden Irrtum der freien Person [1]).
Hier erhebt sich die Frage, wem hinsichtlich dieser beiden
Punkte die Beweislast obliegt. Die Kanonisten sind darüber einig, dass der freie Teil die Behauptung, sein Mitkontrahent sei Sklave, auch beweisen müsse [2]). Bezüglich
der Frage dagegen, wer von den beiden Parteien den
error zu beweisen habe, liegen zwei Meinungen vor. Nach
der einen muss der freie Teil in jedem Falle seinen Irrtum,
auf welchen er sich beruft, beweisen, nach der anderen
Ansicht, die mit Recht unter den Kanonisten mehr Anklang
gefunden hat, ist zu unterscheiden zwischen den Fällen,
wo die Knechtschaft des einen Teiles an dem Orte und
zur Zeit der Eheschliessung allgemein bekannt war (was
z. B. auf den amerikanischen Plantagen durchweg zutraf)
siehe oben Seite 80), und denjenigen Fällen, wo dies
nicht statt hatte (so wenn z. B. ein Sklave in fremde
Gegenden sich geflüchtet hatte, in denen er gänzlich unbe-
kannt war, Fälle, wo unser Impediment wohl am ehesten
Platz greifen konnte). Bei den Fällen der ersten Art liegt
die Beweispflicht dem freien Teile ob, da nach cap. 1 X
de postulat. praelat. (I, 5) angenommen werden muss, dass
jeder Kunde von dem erlangt habe, was an den in Frage
kommenden Orten allgemein bekannt sei; im zweiten Falle

___

noch Schmalzgrueber, l. c. num. 41. In c. 4 C. XXIX. qu. 2:
si eam a servitute redimere potest, faciat, si non potest, si voluerit, aliam accipiat ist nur ein Rat zum Loskauf des unfreien
Teiles gegeben, während von einer Verpflichtung zum Loskauf
oder von dem Unvermögen hierzu als der Bedingung zur Geltendmachung des Hindernisses nicht die Rede ist; München,
a. a. O. Seite 50.

1) Schmalzgrueber, l. c. num. 42: duo probari debent,
videlicet conditio servilis in altero et in libero huius ignorantia.

2) Schmalzgrueber führt l. c. als gemeinrechtliche Lehre
an: conditio quidem servilis probari debet a libero allegante
illam.

dagegen streitet nach der Rechtsregel (regula 47 in VI to de regul. iur. V, 12): praesumitur ignorantia, ubi scientia non probatur für die freie Person die Vermutung, dass sie bezüglich des Sklavenstandes ihres Mitkontrahenten geirrt habe, eine Annahme, deren Entkräftung durch den Gegenbeweis des unfreien Teiles freilich zulässig ist [1]).

Wenn aber die freie Person ihren error (und die conditio servilis des anderen Gatten) beweisen muss, so stellt sich die Schwierigkeit ein, dass sie in der eigenen Sache zu gleicher Zeit die Rolle des Klägers und Zeugen in sich vereinigt. Das bemerkt Bernard von Pavia: Circa duos hos errores (personae videlicet et) conditionis quaeritur, quomodo inde fides ecclesiae fieri possit. Nam si dicam: erravi in hoc vel in illo, mihi non creditur, inde quia non debet esse testis et accusator. — Quis ergo testificabitur me sic credidisse [2])? Bernard löst die Schwierigkeit l. c. folgendermassen: Ex quo scitur me esse liberum, statim praesumitur me noluisse ancillam, in tantum quod si iurare voluero me desponsationis tempore credidisse esse liberam, et postquam deprehendi eam esse ancillam in illam non consensi, meae creditur assertioni, exemplo iuramenti Iordanis principis, ut XXXI qu. 2 si verum [= c. 1 C. XXXI. qu. 2] et exemplo iuramenti Attonis, ut XX qu. 3 praesens [= c. 4 C. XX. qu. 3]. Hiernach wird vom irrenden Teile Beschwörung seines Irrtums zur Zeit der Heirat gefordert, damit der kirchliche Richter die Nichtigkeit der Ehe aussprechen kann, vorausgesetzt natürlich, dass späterhin nach Entdeckung des Irrtums der freie Gatte in die Verbindung nicht eingewilligt hat [3]).

---

1) Sanchez l. c. num. 8; Schmalzgrueber l. c.

2) ed. Kunstmann, l. c. 235.

3) Vergl. noch Bernardi summa decretal., ed. Laspeyres, pag. 154: Si ille, qui liber est, dixerit se in alterius conditione errasse, nec ex adverso aliud allegetur, defertur iuramentum erranti, quo iurabit, quod quando eam accepit, liberam esse credebat, et ex quo deprehendit ancillam, non consentit in eam.

Schliesslich ist hier noch die Frage bezüglich der beiden Teile zu einander während der Schwebezeit des Prozesses zu erörtern.

Sicher ist, dass der freie Teil nach Entdeckung seines Irrtums die copula carnalis während der Litispendenz mit seinem Mitkontrahenten nicht vollziehen darf, wenn er nicht die Befugnis zur Aufrechterhaltung seines Antrags auf kirchliche Nichtigkeitserklärung seiner Ehe verlieren will. Dies gilt wenigstens einmal für das vortridentinische Recht. Denn nach diesem würde eine Ehe sofort zustande gekommen sein, wenn seitens der freien Person die copula freiwillig mit der pars servilis conditionis vollzogen worden wäre, da hierin eine stillschweigende Einwilligung in die Ehe mit dem unfreien Teile erblickt wurde. So wenigstens entschied Papst Alexander III. (in cap. 2 X. de coniug. serv. IV. 9): Si constiterit, quod idem vir praefatam mulierem, postquam illam audivit esse ancillam, carnaliter cognovit, ipsum monitione praemissa compellatis, ut eam sicut uxorem accipiat et maritali affectione pertractet[1]). Hiermit stimmt die Glosse zu c. 6 C. XXIX. qu. 2 v. removisse überein, indem sie zu der vorliegenden Frage bemerkt: Pendente accusatione — *sponte non debet* [sc. coniux liber] ei commiscere, ne fiat ei praeiudicium, — sed ad mandatum ecclesiae potest (?); und an einer anderen Stelle (zu c. 2 X. h. t. IV. 9) äussert sich dieselbe in ähnlicher Weise: Numquid ecclesia debet ei [i. e. parti liberae] praecipere, ut debitum reddat —? Dicunt quidam, quod bene tenetur reddere debitum ad mandatum ecclesiae (?), sed *ipse non debet exigere; nec sibi fit praeiudicium. T. dixit, quod non debet exigere nec exigenti reddere, quia ei fieret praeiudicium,* quod videtur per istam litteram innuere: et *si compellatur, non reddat, quia, si eam cognoscit uxoris affectu, fit ei praeiudicium,* si habeat conscientiam ex causa probabili et discreta; *et sic statim esset matrimonium.*

---

1) Vergl. dazu cap. 4 X. h. t. (IV. 9).

Das Gesagte trifft selbstredend weiterhin zu in den jenigen Orten und Gegenden, wo die vom Trienter Konzil erlassene Ehegesetzgebung, insbesondere das caput I. „Tametsi" de reform. matrim. (sess. 24), nicht in Geltung ist, da in denselben die Wirksamkeit der Konsenserklärung bei Ehen nicht an die bestimmte vom Konzil vorgeschriebene Form gebunden ist, die Einwilligung in die Ehe also auch in anderer Weise und gewiss stillschweigend durch Vollzug der copula wirksam erfolgen kann.

Wird jedoch innerhalb solcher Gebiete, wo das tridentinische Eherecht gilt, ein Prozess der in Rede stehenden Art geführt — dass und wo dies in der Vergangenheit und noch in der Gegenwart statt haben konnte und kann, zeigt die oben im 2. Abschnitte gegebene Darstellung —, so ist bezüglich der vorliegenden Frage zu unterscheiden, ob das auf den error conditionis servilis sich gründende Ehehindernis geheim geblieben oder öffentlich bekannt geworden ist. Da nämlich bei dem ersten Falle für das Zustandekommen der Ehe nach Entdeckung des Irrtums der kirchenrechtlichen Doktrin und Praxis gemäss die Beobachtung der tridentinischen Form nicht erforderlich ist, sondern bloss stillschweigende Konsenserneuerung genügt[1]), welche schon in dem Vollzug der copula liegt, so muss der freie Teil zur Zeit der Litispendenz selbstverständlich von jeglicher Leistung des debitum coniugale sich enthalten, falls überhaupt die rechtliche Möglichkeit ihm verbleiben soll, seinen Antrag auf Trennung der Ehe aufrecht zu erhalten. Im zweiten Falle dagegen, wo die forma Tridentina für die Wirksamkeit der erneuten Konsenserklärung von der Wissenschaft und der Praxis des kirchlichen Rechtes gefordert wird[2]), kann durch die im Vollzuge der copula sich bekundende stillschweigende Konsenserneuerung eine Ehe selbstredend nicht zustande kommen;

---

1) Schulte, a. a. O. Seite 339 fg. Sanchez, l. c. lib. II, disput. 29, besonders num. 5.

2) Schulte a. a. O.

hierzu bedürfte es vielmehr der Wiederholung der tridentinischen Form. Demnach würde die copula für den
freien Teil, wenn auch moralischen Schaden, so doch
keinen Rechtsnachteil hervorrufen[1]).

§ 18.

Die Aufhebung des Ehehindernisses des
error conditionis servilis.

Aus der im vorhergehenden Paragraphen bezüglich
der Frage über das Verhältnis der beiden Parteien zu
einander während der Litispendenz gegebenen Darstellung
erhellt bereits, dass eine unter error conditionis servilis
eingegangene Geschlechtsverbindung eine gültige Ehe
durch die seitens des freien Ehegatten nach Entdeckung
seines Irrtums bewirkte Konsenserneuerung wird, und dabei
wurde zugleich gezeigt, in welcher Form die letztere zu
erfolgen hat. Hier möge nur noch hinzugefügt werden,
dass neben der freiwilligen Vollziehung der copula auch
andere konkludente Handlungen, namentlich längeres Zu-
sammenwohnen und gegenseitiger affectus maritalis, auf
eine Einwilligung des freien Teiles in die Ehe mit dem
unfreien Gatten schliessen lassen[2]), wobei natürlich nur
diejenigen Fälle in Frage sind, wo formlose Konsenserneuerung überhaupt für das Zustandekommen der Ehe ge-
nügend ist.

Es erübrigt nur noch, einige besondere bei der vorliegenden Materie entstehende Fragen zu erörtern. Zuerst

---

1) Vergl. zum Gesagten Schmalzgrueber, l. c. num.
39 et 40.

2) München, a. a. O. Seite 62. Wenn aber daselbst bemerkt ist, dass in allen Fällen bloss die faktische Einwilligung
in die Ehe genüge und die Beobachtung der forma Tridentina
durchaus entbehrt werden könne, so muss diese Behauptung
im Hinblick auf das oben Seite 124 Gesagte zurückgewiesen
werden.

wäre zu untersuchen, ob denn der unfreie Teil zur Konsenserneuerung, mag diese nun ausdrücklich und in bestimmter Form erfolgen müssen oder bloss stillschweigend (etwa durch Vollzug der copula) und formlos zu geschehen haben, verpflichtet sei, wenn die freie Person nach Entdeckung ihres Irrtums den ehelichen consensus zu erneuern bereit ist. Hierauf ist zu antworten: die unfreie Person hat zwar eine auf das Zustandekommen der Ehe gerichtete Willenserklärung abgegeben; allein letzterer ist ebenso wie derjenigen des freien Teiles durch die positive Bestimmung der Kirche die eheschliessende Wirkung abgesprochen worden, so dass eine Ehe von Anfang an nicht vorlag. Da demnach der nicht irrende unfreie Teil durch kein vinculum coniugale gebunden ist, so darf derselbe ebenso wie der freie vom rechtlichen Standpunkte aus von dem Verhältnisse zurücktreten; das Recht kann gewiss nicht bestimmen, dass eine eheliche Gebundenheit für beide Teile bestehen solle, da eben eine Ehe ja nur durch die auf freier Willensthätigkeit beruhende Konsenserklärung zustande kommt; es kann dagegen in diesem Falle bestimmen, dass eine von dem unfreien Teil anderweit eingegangene Verbindung nichtig sein solle. Hierfür sprechen in der That gewichtigte Gründe sittlicher Natur[1]).

Weiterhin entsteht die Frage, ob in den Fällen, wo der unfreie Teil später die Freiheit erlangt, es genügt, dass bloss dieser seinen Konsens bewusst erneuere, oder ob das auch von seiten des freien Gatten geschehen müsse, mit andern Worten: ob es notwendig sei, dass auch der letztere sich der infolge seines error conditionis servilis von Anfang an vorliegenden Nichtigkeit der Ehe klar bewusst werde, um so von neuem den ehelichen Konsens bewusster Weise

---

1) Zum Gesagten vergl. Freisen, a. a. O. Seite 304; München, a. a. O. Seite 59 fg. (§ 8). Die Glosse zu c. 4 C. XXIX qu. 2 v. faciat 1 bemerkt:

Dico, quod quantum *ad neutrum est matrimonium*, unde *neuter cogitur* stare cum altero quantum ad vinculum matrimonii; sed ratione fidei promissae bene tenetur ei.

zu erklären. Die kanonistische Doktrin und Praxis nimmt
mit Recht an, dass in diesen Fällen der Natur der Sache
nach die bisherigen Scheingatten erst von dem Momente an
in Wirklichkeit rechtmässige Eheleute werden, wo beide,
die Nichtigkeit der Verbindung erkennend, bewusst von
neuem ihren Konsens erklären[1]). Namentlich ist Sanchez
der von einigen Kanonisten vorgetragenen gegenteiligen
Meinung, welche behauptet coniugem impedimenti conscium
— impedimento cessante non oportere alteri aperire prius
matrimonium fuisse irritum, sed *satis esse, si caute curet
utriusque consensum renovari, ut dissimulanter petendo
ab altero, ut pro sua consolatione ipsum habeat in coniugem et ipso similiter dicente: ego quoque volo te in
coniugem*, entgegengetreten und hat dieselbe aufs Bündigste
widerlegt[2]).

---

1) Schulte, a. a. O. Seite 344 fg.; München, a. a. O. Seite
64 fg. (§ 11 und 12).

2) l. c. lib. II, disput. 36, num. 2 sq.

Lebenslauf.

Geboren wurde ich, Richard Flügel, katholischer Konfession, am 10. November 1866 zu Nastätten (Rgbz. Wiesbaden) als Sohn des bereits 1869 verstorbenen Königlichen Amtsrichters Josef Flügel und seiner Ehefrau Hermine, geb. Dannenberg. Nach Erlangung der elementaren Vorbildung besuchte ich von Ostern 1876 bis Herbst 1878 das Königl. Gymnasium zu Dillenburg und hiernach dasjenige zu Hadamar, welches ich Ostern 1885 mit dem Zeugnisse der Reife verliess. Von Ostern 1885 bis Ostern 1888 war ich bei der katholisch-theologischen Fakultät der Universität Bonn immatrikuliert, hörte indessen während dieser Zeit auch juristische Vorlesungen. Behufs weiterer juristischer Ausbildung gehörte ich von Ostern 1888 drei Semester der juristischen Fakultät der genannten Universität an. Herbst 1889 bestand ich vor der Bischöflichen wissenschaftlichen Prüfungskommission zu Limburg a. d. Lahn das theologische Examen pro introitu und verbrachte das Winterhalbjahr 1889/90 im Priesterseminare zu Fulda behufs praktischer Ausbildung für den geistlichen Beruf. Am 15. Mai 1890 wurde ich zu Fulda zum Priester geweiht und am 1. Juni ejsd. zum Kaplan in Eltville (Rheingau) ernannt. Vom 1. Mai 1891 bis 1. April 1893 bekleidete ich die Stelle eines Kaplans an der Domkirche zum hl. Bartholomäus zu Frankfurt a. M., vom 1. April 1893 bis zum 1. November 1896 war ich Kaplan und Sekretär des Hochwürdigsten Herrn Bischofs von Limburg a. d. Lahn. Gegenwärtig habe ich die interimistische Verwaltung des Frühmessbeneficiums in Camberg inne.

Am 22. Februar 1897 bestand ich vor der hohen juristischen Fakultät der Universität Bonn das Examen rigorosum.

Während meiner juristischen Studienzeit hörte ich bei folgenden Herren Professoren:

Endemann, Hüffer, Kahl, Krüger, Loersch, von Schulte und Zitelmann. Allen diesen hochverehrten Herren sage ich meinen herzlichsten Dank.

Thesen.

I.

Der juristische Besitz charakterisiert sich im römischen Rechte nicht durch den animus domini; er bestimmt sich vielmehr nach den Anforderungen des Verkehrs, indem aus praktischen Motiven gewissen Personen possessorischer Schutz gewährt und somit juristischer Besitz zugeschrieben wird.

II.

Die Landesstrafgesetzgebung hat die Befugnis, auf den ihr nach § 2 Abs. 2 des Einführungsgesetzes zum Strafgesetzbuch vom 31. Mai 1870 überlassenen Gebieten mit dem Reichsrechte kollidierende Bestimmungen aufzustellen.

III.

Die Einführung des caput „Tametsi" Conc. Trident. Sess. 24 cap. I de reform. matr., die Form der Eheschliessung betr., kann nicht bloss durch dessen Publikation, sondern auch durch dessen observanzmässige Beobachtung erfolgen.